LA COMMUNE A LYON

EN 1870 ET 1871

LOUIS ANDRIEUX

LA COMMUNE A LYON

EN 1870 ET 1871

PARIS

LIBRAIRIE ACADÉMIQUE DIDIER

PERRIN ET Cie, LIBRAIRES-ÉDITEURS

35, QUAI DES GRANDS-AUGUSTINS, 35

1906

EN GUISE DE PRÉFACE

Le 4 janvier 1903, contre vent et marée, malgré les ministres, le préfet, les sous-préfets, les juges de paix, les instituteurs, les fonds secrets, les palmes académiques, le haut et le bas clergé maçonnique, la truelle et le tablier, la croix et la bannière des loges, je fus élu sénateur du département des Basses-Alpes.

J'entrais au palais du Luxembourg sans grand souci d'une protestation qui semblait n'avoir d'autre but que de couvrir la déroute de mes adversaires.

Je n'avais en effet pris avec les urnes et les bulletins de vote aucune des privautés consacrées par l'usage, et j'avais conscience que nul de mes collègues ne pouvait se prévaloir d'un mandat plus loyalement acquis.

1

Hélas ! Je méconnaissais la mentalité de la haute Assemblée. J'oubliais que sous l'apparence d'un suffrage populaire quoique restreint, et sous prétexte de vérifier les pouvoirs de ses membres, le Sénat se recrute par cooptation ; qu'il croit avoir fait preuve suffisante d'impartialité quand il a accordé une place congrue à une opposition décente. Or, par sentence d'un pouvoir secret, inspirateur et dominateur de tous les autres dans notre République, j'étais désigné à l'ostracisme de l'Assemblé sénatoriale.

Au souvenir d'imprescriptibles outrages venait de s'ajouter une injure plus récente : j'avais eu pour concurrent, et sans égard pour le camail, insigne de sa dignité, j'avais battu un thuriféraire important du temple d'Hyram.

Oh ! ce n'est pas qu'il n'y ait une Justice au Sénat ! Mais elle est enfermée au cabinet des questeurs, dans un panneau peint par Boulanger. On la rencontre aussi au salon-ouest, à gauche de la Loi, dans le plafond de Decaisne. La Justice siège un peu partout, au Luxembourg, mais toujours en peinture !

En promenant mes pas perdus dans les couloirs du Sénat, je compris le sort qui m'était réservé. Près des bustes des anciens, confidents discrets des intrigues parlementaires, des groupes se formaient ; des inconnus, qui n'en étaient pas moins des sénateurs, parlaient avec animation : sur mon passage ils baissaient la voix ; leurs regards obliques se détournaient de moi.

Je surpris « des signes, des attouchements », des mots mystérieux.

Après quinze jours de triturations rituelles, ma cause était suffisamment instruite : la « Veuve » inexorable n'avait plus qu'à me choisir un rapporteur.

Elle avait sous la main l'homme qui convenait ; c'était un ancien goupillonneur de bénitiers. Quand il n'était encore que séminariste, il avait composé de pieux alexandrins pour la

Vierge Marie, à qui il ne pardonnait pas de les avoir dédaignés :

> ... Protège ton enfant,
> Et qu'il se place un jour, heureux et triomphant
> Sur un trône de gloire, à tes pieds, près des anges!

Plus tard d'autres pieds avaient gagné ses préférences ; à défaut d'un trône, il avait obtenu un fauteuil, et parmi les vétérans qui ont trouvé au Sénat la sécurité de leurs dernières années, il figurait *l'invalideur à la tête de bois.*

Dans la séance du 27 janvier, je défendis mon élection. *L'invalideur* se mit en frais d'éloquence ; il eût pu se borner au « signe de détresse ».

Quand les urnes circulèrent, tous les maçons de tout grade et de toute obédience, tous les défroqués des divers cultes, tous les éclopés du Panama, tous les hommes-canons, tous les évadés de la Bohême, et jusqu'à un décédé votèrent contre mon élection comme un seul cambrioleur.

Ils furent plus de 104 ; ils furent 116 contre 109 dans une assemblée de 300 membres, et cette sorte de minorité qu'ils appellent *la majorité relative*, suffit à briser le libre choix d'un collège électoral.

Et maintenant FF.·.·. 1er et 2e surveillants, vous êtes à couverts sur les deux colonnes du temple !

« Qui s'obstine à mordre un caillou, a dit mon compatriote de Jussieu, ne réussit qu'à se casser les dents. » De Jussieu était un sage ; j'ai tâché qu'on pût en dire autant de moi ; je me suis éloigné du caillou sénatorial ; j'ai mis à profit les loisirs que je lui dois pour apporter ma contribution à l'histoire d'un temps que j'ai vécu, à celle des jours tragiques passés à Lyon du 4 septembre 1870 jusqu'à la chute de la Commune. J'ai fait des fouilles dans ma mémoire et dans mes vieux papiers ; j'ai recueilli et je dédie aux survivants mes souvenirs d'un passé lointain où j'étais procureur de la République.

LA COMMUNE A LYON

EN 1870 ET 1871

CHAPITRE I

« LE MIE PRIGIONI ». — UNE AME DE MAGISTRAT. —
MES LIBÉRATEURS — UN COMPAGNON DE CHAINES

Le 4 septembre 1870, j'expiais à Lyon, « sur la paille humide des cachots », les vivacités de mon opposition à l'Empire.

Je dois dire, pour rendre hommage à la vérité, que « la paille humide » n'est ici qu'une sorte de trope démocratique, une figure empruntée à la rhétorique des réunions publiques, et que les détenus politiques, autant que j'en ai pu juger par ma propre expérience, cueillaient à bon marché les palmes du martyre sous l'administration impériale.

Près de deux mois s'étaient écoulés depuis que les portes de la prison Saint-Joseph s'étaient fermées derrière mes pas, et la vie claustrale n'avait éprouvé ni ma santé, ni mon humeur. Je circulais librement du haut en bas de mon nouveau logis ; la coupole de la chapelle, ornée d'un péristyle, était mon promenoir habituel. De là, bien abrité contre la pluie, le soleil et le vent, j'avais une large vue sur la ville. L'aumônier, homme aimable et disert, venait parfois m'y rejoindre, sans jamais laisser paraître aucune indiscrète préoccupation de prosélytisme. Je recevais sans entraves ni contrôle mes lettres et mes journaux ; je choisissais mes visiteurs, et, comme je n'avais pas la ressource de faire dire aux importuns que j'étais sorti, la préfecture refusait gracieusement le permis de visite à quiconque n'était pas inscrit sur la liste dressée par mes soins.

Une seule exception, comme par mégarde, fut faite en faveur d'un agent secret, qui me témoignait une sollicitude exhubérante et dont je n'ai connu que plus tard la qualité.

J'ai su depuis qui payait sa toilette...

Comme chantait le bon Béranger.

Mais voyez comment les idées s'enchaînent !
Le nom de notre chansonnier national, qui
n'avait ici rien à faire, me remet en mémoire
une initiative extraordinaire prise, après nos
premiers revers, par son homonyme M. Bérenger, aujourd'hui sénateur inamovible, alors
avocat général à la Cour Impériale de Lyon.

La révolution paraissait dès lors tellement
inévitable que ce magistrat du parquet, ce gardien des lois, ce préposé à la défense de la
Constitution, ne craignit pas de céder à ses ins-
pirations de bon citoyen en se rendant, le
20 août, dans les salons du café Casati, à une
réunion où les hommes les plus autorisés du
parti républicain se rencontraient avec les représentants de l'opposition libérale. Il les invita
à se concerter pour prendre la direction des
événements au cas probable où, sous la poussée des malheurs publics, l'administration impériale viendrait à s'écrouler, et sans leur offrir
tout à fait une succession qui n'était pas ouverte, les adjura d'épargner à la ville de Lyon le
péril de l'anarchie.

Dans les grandes villes qui jouissaient du droit commun, on pouvait prévoir que le Conseil municipal, en majorité composé de républicains, s'emparerait provisoirement du pouvoir et amortirait le choc de la révolution. Mais, à Lyon, sous le régime d'une commission municipale imposée, aucune autorité ne devait survivre à l'Empire, et le désordre, en l'absence de toute direction, apparaissait plus menaçant.

Empêché, par cas de force majeure, d'assister à la réunion du café Casati, j'en avais su les incidents dont le récit m'avait confirmé dans la prévision des effondrements prochains.

Aussi ne fus-je pas trop surpris lorsque, le dimanche 4 septembre, à mon réveil, j'entendis un tumulte inaccoutumé, des rumeurs confuses qui montaient de la rue jusqu'à ma cellule, où, par une précaution insolite, j'avais été enfermé à double tour de clef.

Bientôt il me sembla que des soldats entraient dans la prison ; je perçus des cliquetis d'armes, des bruits de crosses, des commandements militaires, des roulements de tambour. Curieux de voir ce qui se passait, j'empilais sur un escabeau la « Collection des Auteurs latins », qui faisait partie de ma petite bibliothèque, et, sur les épaules de Cicéron, j'essayais en vain d'atteindre jusqu'à la lucarne d'où me venais la lumière, lorsque je fus surpris par un gardien qui, entr'ouvrant discrètement ma porte, m'annonça la visite de « M. le procureur impérial » !

Le personnage long, roux, maigre, osseux et grêlé qui entra dans ma cellule, n'était qu'un substitut du procureur ; mais le gardien savait sans doute que « le parquet est indivisible ».

Je saluai ; je montrai de la main un siège rudimentaire et je dis à mon visiteur inattendu :

— A quelle circonstance, Monsieur, dois-je l'honneur... ?

— Monsieur Andrieux, interrompit, non sans quelque embarras, l'honorable magistrat, je n'ai pas eu jusqu'ici l'occasion de vous en faire part, mais j'ai toujours éprouvé pour vous la plus sincère sympathie. C'est pourquoi je m'empresse de vous apporter une nouvelle qui ne peut manquer de vous intéresser : la République vient d'être proclamée à l'hôtel de ville... Le peuple, en marche sur la prison, ne tardera pas à vous délivrer. Je pourrais devancer sa justice et prendre l'initiative de signer un ordre de mise en liberté. Mais qui sait ce qui peut arriver ? Et ne vaut-il pas mieux laisser à la foule les responsabilités ?

Je donnai à ce substitut l'assurance que je ne désirais point qu'il se compromît davantage ; je le remerciai de sa démarche ; il prit congé après maintes effusions, convaincu qu'il avait acquis des titres à la faveur du nouveau Gouvernement.

Il serait superflu d'insister sur les réflexions que ce court entretien dut suggérer à un jeune avocat élevé dans le respect professionnel de la magistrature. Aussi bien furent-elles de courte durée, interrompues par de plus graves événements.

Les portes de ma bastille venaient de céder sous la pression de la foule qui se répandait dans les couloirs à la recherche des détenus politiques. J'entendais des cris, des menaces, des acclamations, parmi lesquelles mon nom souvent répété.

Après une vaine résistance, au cours de laquelle son sabre lui avait été enlevé, le gardien-chef introduisit dans ma cellule les délégués du peuple. Aussitôt je fus bousculé par des amis enthousiastes que je voyais pour la première fois; je dus subir l'étreinte de poitrines sympathiques, mais inconnues; puis enlevé par des bras vigoureux, je fus hissé sur le siège d'un fiacre à côté de l'automédon. En vain je demandais une place plus modeste à l'intérieur de la voiture : j'étais un trophée; je devais servir à la décoration du char triomphal et numéroté qu'avaient réquisitionné mes libérateurs.

Déjà le cocher reprenait ses guides et son fouet, quand une clameur s'éleva : « Et Lentillon! Et Lentillon! »

En effet nous ne pouvions partir sans Lentillon! Mais quel était ce Lentillon? Et pourquoi ne pouvions-nous partir sans Lentillon?

A quelques kilomètres de Lyon, dans la commune de Thurins (1.906 habitants, bureau de poste, vins, céréales et bestiaux), maître Lentillon Joseph recevait les testaments et donnait l'authenticité aux conventions.

« Je défie, a dit Frédéric Soulié, qu'on me produise un notaire de cinquante ans ayant une idée. » Maître Joseph Lentillon pouvait relever l'insolent défi du romancier : il avait cinquante ans, et son idée à ce tabellion était que la République est le meilleur des gouvernements. Son tort fut de le dire trois semaines trop tôt.

Lentillon entendait des voix ; dans la matinée du 13 août, pour leur obéir, sans aucune entente avec les révolutionnaires lyonnais, il quitta ses minutes et ses panonceaux, et s'achemina vers la ville. Arrivé au faubourg de la Croix-Rousse, il monta sur le socle du pieux monument[1] qui a donné son nom à ce quartier

1. La vieille croix, qui compromettait la municipalité et offensait la Libre pensée Croix-Roussienne, a été depuis démolie et remplacée par une statue de Jacquard. Mais le quartier a conservé son nom.

populeux, s'adossa à la colonne, et de cette tribune se mit à haranguer le peuple. La tête haute, le bras droit tendu, le regard de ses yeux clairs et vides perdu dans l'espace, il prononça la déchéance de l'Empire et proclama la République.

Quelques douzaines de *canuts* en rupture de métiers, des femmes, des enfants l'accompagnèrent en chantant la *Marseillaise*, dans sa marche sur l'hôtel de ville :

> *Allons, enfants de la Patrie,*
> *Le jour de gloire est arrivé !*

Mais une escouade de sergents de ville suffit pour interrompre le jour de gloire ; un agent fut tué dans la bagarre avec sa propre épée qui lui avait été arrachée ; deux autres furent blessés ; l'Empire resta debout provisoirement ; la République fut remise à trois semaines, et Lentillon, appréhendé par la police, fut condamné à un an de prison par un Conseil de guerre qui, à travers le deuil de nos premières défaites, apercevait déjà une lueur de révolution[1].

C'est ainsi que le notaire de Thurins, échouant à la prison Saint-Joseph, était devenu, toujours au figuré, mon « compagnon de chaînes ».

Lentillon retrouvé s'était juché sur l'impériale du fiacre à galeries ; peut-être devrais-je dire : sur la *république* du fiacre, car déjà commençait la débaptisation vengeresse et régénératrice. Debout, tenant à la main un rameau vert, Lentillon embrassait étroitement un homme du peuple ; symbolisant ainsi derrière mon dos la paix, l'égalité, la fraternité, en une composition allégorique dont l'élégance échappait à mon attention.

J'ai su depuis qu'à l'intérieur, plus confortablement assis, se prélassait un autre détenu politique, le tisseur Chanet, condamné pour cris séditieux. Quels rêves de justice sociale caressait-il alors? Il ne prévoyait pas que sa destinée serait d'être persécuté sous la Répu-

1. Onze accusés comparurent avec Lentillon devant le Conseil de guerre. Deux d'entre eux furent condamnés comme lui à un an d'emprisonnement ; les autres furent acquittés.

blique plus qu'il ne l'avait été sous l'Empire et qu'un député socialiste du Rhône se rencontrerait un jour pour lui faire expier à l'asile des aliénés de Bron une irrespectueuse opposition.

CHAPITRE II

EN_ROUTE POUR L'HOTEL DE VILLE
LE COMITÉ DE SALUT PUBLIC. — LE DESSUS DU PANIER

Précédé de drapeaux et de tambours, grossissant de minute en minute par l'incessante alluvion de l'insurrection victorieuse, le cortège se mit en marche ; il suivit le quai du Rhône, la place Napoléon, aujourd'hui place Carnot, la ci-devant rue Bourbon, devenue rue Victor-Hugo, la place Bellecour, la rue Impériale, promue depuis rue de la République, par avancement ; — sans aucune opposition de la police ni de l'armée, — et me conduisit jusqu'à l'hôtel de ville, où je fus nommé par acclamation « membre du Comité de Salut public ».

J'appris ainsi l'existence de ce Comité, dont le titre semblait choisi pour donner aux conservateurs un avant-goût de la Terreur. Je dus interroger mes amis afin de connaître son origine, sa composition, les circonstances de son avènement.

Les responsabilités accumulées par l'imprévoyance du Gouvernement, l'humiliation de nos premières défaites, l'irritation qui se propageait dans toutes les classes de la société avaient réveillé pour le parti de la révolution des espérances momentanément découragées par le succès du plébiscite impérial. Prévoyant la fin du régime et résolus à ne pas laisser échapper l'occasion longtemps attendue de mettre la main sur la puissance publique, les révolutionnaires lyonnais préparèrent les éléments d'un gouvernement populaire.

Des groupements occultes, formés dans divers quartiers, furent consultés — on n'a jamais bien su par qui, ni comment — et de leurs délibérations sortit une liste de commissaires qui pouvaient ainsi se réclamer d'une sorte d'élection.

Sur cette liste, mon nom ne figurait pas ; les vieilles barbes, blanchies dans la discipline du parti, trouvaient que je n'étais pas assez dans le rang, et m'eussent volontiers laissé à Saint-Joseph.

La nouvelle du désastre de Sedan avait été connue à Lyon dans la nuit du 3 au 4 septembre ; le lendemain, dès huit heures du matin, la place des Terreaux, qui s'étend devant la façade principale de l'hôtel de ville, était remplie d'une foule compacte, venue surtout des quartiers ouvriers. L'hôtel de ville étant à la fois la résidence du préfet et le siège de la commission municipale, imposée à Lyon, comme à Paris, en vertu d'une loi d'exception [1], c'était devant ce monument que devaient se concentrer les manifestations dirigées contre le régime impérial et contre l'usurpation des pouvoirs municipaux.

Les troupes envoyées pour disperser la foule s'étaient retirées à peine arrivées : les cavaliers, après avoir remis le sabre au fourreau ; les fantassins, après avoir levé la crosse en l'air.

Bientôt les plus hardis parmi les instigateurs

1. Un projet de loi déposé par le ministère Ollivier, le 1er juillet 1870, devait faire rentrer Lyon dans le droit commun, sauf les attributions d'administration et de police dont le préfet restait chargé.

du mouvement populaire, sans se laisser arrêter par la résistance des quelques agents de police qui formaient seuls la garde du Préfet, étaient entrés à l'hôtel de ville et, tandis que l'un d'eux hissait le drapeau rouge sur le dôme du vieux palais, les autres se montraient au balcon, à côté du préfet Sensier qui, d'une voix étouffée par l'émotion, avait vainement essayé de faire entendre ses protestations. Prenant la parole au nom de leurs amis, les citoyens Durand et Barodet proclamaient la République et faisaient ratifier par les acclamations d'une foule confiante la composition d'un Comité de Salut public, dont les membres lui étaient pour la plupart inconnus.

Ces meneurs d'ailleurs ne se conformaient-ils pas à la tradition lyonnaise, suivie de tout temps par tous les partis ? Et cette procédure d'insurrection n'était-elle pas à peu près la même qu'avaient adoptée les royalistes en 1793, après l'arrestation de Chalier, pour constituer contre la Convention, la « Commission républicaine de Salut public ? »

L'inclination de la foule la porte à applaudir les démolisseurs heureux de tout gouvernement, surtout quand ils la dominent et lui parlent du haut du balcon. Elle acclame et ratifie, en un plébiscite ébauché, hommes et choses, tout ce qu'ils lui proposent, sans discuter, ni même discerner.

Dans le courant de juillet, à la suite des premiers tumultes, afin d'obvier à l'insuffisance de la force publique, amoindrie pour le départ des troupes, l'élite de la jeunesse conservatrice s'était groupée, sous les auspices de la préfecture, pour assurer le maintien de l'ordre dans la rue. Dans la journée du 4 septembre, on ne vit pas trace de ces volontaires de la police que la malignité populaire avait appelés « les gourdins réunis ».

Comme j'arrivais à l'hôtel de ville, et tandis que les gardes nationaux, s'emparant du fort Lamothe et du fort de la Vitriolerie, y prenaient les fusils qu'on leur avait jusqu'alors refusés, le Comité venait d'organiser son bureau et de se partager en trois Commissions, celle des Intérêts publics, celle des Finances et celle de la Guerre. Quelle que fut mon incompétence je me fis inscrire à cette dernière, car la préoccupation de la lutte contre l'envahisseur dominait en moi, à cette heure douloureuse, tout autre sentiment. Tel ne semblait pas être l'état d'âme de la plupart de mes nouveaux collègues ; tout entiers à la joie d'avoir renversé l'Empire, ils ne doutaient pas que la proclamation de la République ne fût le signal des victoires prochaines : nous allions revoir les volontaires de 92 et l'irrésistible élan d'une armée de citoyens ! D'ailleurs Guillaume n'avait-il pas dit qu'il faisait la guerre à l'empereur, non à la France ?

Pour quelques-uns, pour le petit groupe des affiliés à l'Internationale, peu importait les victoires de l'Allemagne ; ils ne voyaient dans la disparition de toute force de résistance que la possibilité d'appliquer leur programme : « Plus de frontières ! Plus de patrie ! La solidarité des travailleurs de toutes les nationalités dans la lutte, contre le capital et la propriété ! »

Parmi les soixante-dix-huit membres qui

composaient le Comité de Salut public, il convient de citer ceux qu'un mérite relatif, un signe d'originalité, ou le simple caprice des circonstances distingua du plus grand nombre.

Chepié, l'un des présidents, ouvrier tisseur, conseiller prud'homme, plus tard député, décédé dans une recette particulière qui lui fut octroyée comme compensation aux infidélités du suffrage universel. Esprit plus délié que cultivé, Chepié présidait avec tact et autorité. Il sut conserver son influence et accroître sa popularité, tout en les faisant servir à contenir les exaltés et à écarter les propositions excessives. La réaction, toujours frivole, ne voulait connaître que ses outrages à la grammaire et l'art, dont il abusait, de prévenir la cacophonie des hiatus par l'adjonction de consonnes imprévues.

Chaverot, plâtrier, et Perret, comptable, ne se recommandaient à l'attention que parce qu'ils partageaient avec Chepié l'honneur de la présidence.

Louis Garel, l'un des secrétaires[1], autonomiste

_____

1. Trois autres secrétaires plus effacés étaient les citoyens Maynard, Despeignes et Vallier.

intransigeant, pourfendeur de l'État, ennemi personnel du capital, avait des idées et, pour mauvaises qu'elles fussent, savait les exprimer et les défendre. Il a publié sur *la Révolution Lyonnaise* une brochure intéressante à consulter.

Le Dr Hénon, le plus silencieux des « Cinq » à la Chambre des députés, battu comme trop modéré aux élections de 1869 par Bancel dont l'éloquence fougueuse et imagée contrastait avec sa réserve, fut plus tard maire de Lyon. Homme simple, juste et bon, il croyait aux vertus républicaines, et souleva les défiances des républicains en les pratiquant.

Varambon, futur sous-secrétaire d'État à la Justice, avocat sans clients, mais non sans talent, portait élégamment des revers conventionnels et des chapeaux régicides, préparant ainsi à Lyon, comme Charles Floquet à Paris, la chute du « gouvernement personnel ».

Barodet, ancien instituteur, avait été après le 2 décembre l'objet de persécutions obscures qui ne lui permettaient encore d'entrevoir dans ses rêves ni la mairie de Lyon, ni le mandat de député de Paris, ni ce recueil parlementaire, confident indiscret des promesses trahies qui devait un jour immortaliser son nom.

Le mystique Lentillon, que nous connaissons déjà, et dont nous n'aurons plus à parler, météore éteint à peine entrevu.

Grinand, voyageur de commerce, Gaudissart sans illustration, présida la Commission des Finances. Plus soucieux d'expériences hasardées que d'équilibre budgétaire, il orienta d'un cœur léger la ville de Lyon vers la banqueroute par la suppression de l'octroi qu'il ne réussit pas à remplacer.

Ganguet, tisseur, président de l'*Harmonie gauloise*, société chorale, et du Comité de la Guerre; bon patriote et bon musicien.

Langlade, pharmacien, vendait les produits et propageait les idées de François-Vincent Raspail, récemment élu député du Rhône. Quand le peuple chantait la *Marseillaise*, après chaque couplet, Langlade, en l'honneur de son grand homme, entonnait d'une voix nasale un supplément de refrain, qui traduisait alors les enthousiasmes et les haines de la foule lyonnaise[1].

Durand, officier de santé, d'aspect grave et austère, profond à la surface, si j'ose combiner ces deux mots ; orateur troublant dans les réunions démocratiques, où son regard chargé de menaces et de colères, son geste brusquement jeté, les vibrations communicatives de sa voix barytonnante venaient en aide à l'insuffisance de son argumentation ; — paralysé d'ailleurs par le sentiment exact de son aptitude, quand il fallait parler devant un auditoire plus exigeant, tel que celui du Palais Bourbon, où l'envoyèrent plus tard ses admirateurs lyonnais.

Baudy, cordonnier de son état, chevronné d'une condamnation politique[2], conseiller d'arrondissement sous l'Empire, nommé secrétaire général pour la police par le Comité[3], fut vic-

1.   « Avant que Raspail,
     « Monte au corbillard ;
     « On verra sur la paille,
     « Pourrir les cafards ! »

2. Un an de prison et cinq ans d'interdiction des droits civiques pour délit de société secrète. Tribunal de Paris, 16 janvier 1854.

3. Les actes émanant de Baudy sont signés tantôt « Secrétaire général de l'Ordre et de la Sécurité publics », tantôt « Secrétaire

time de cette fonction et prit aux arrestations politiques une part que ne comportait pas l'aménité de son caractère. Recueilli comme une épave après la tempête par la Préfecture de Police, il y finit sa vie publique dans la fonction pacifique de commissaire des Poids et Mesures.

Métra, l'un des doyens, colonel de la garde nationale en 1848, reprit, après vingt-deux ans, avec le même grade, sans se prévaloir de ses droits à l'avancement, le même commandement.

Citerai-je encore le citoyen Chapitet que le Comité avait élevé, avec le citoyen Charavay, à la dignité d'archiviste? Disgrâcié par la nature, Chapitet semblait s'en prendre à la Providence : il incarnait en sa gibbosité l'exacerbation des haines qu'engendre parmi ses dévots le culte de la Libre Pensée. Nul ne pouvait le voir sans songer à quelque contrefaçon de Quasimodo ; pourtant il détestait les cloches dont il prétendait que l'usage fût interdit au clergé.

général de la sécurité publique », tantôt « Secrétaire général du Comité », tantôt « Secrétaire ». Il ne paraissait pas bien fixé sur le titre qui lui appartenait.

CHAPITRE III

LA BANDE DE LA RUE LUIZERNE. — POLICE ET PIQUAGE D'ONCE. — LES ARRESTATIONS ARBITRAIRES. — L'ENVAHISSEMENT DES COUVENTS.

A côté du Comité de Salut public, une bande composée, suivant l'expression de Challemel-Lacour, « de ce qu'il y a de pire dans le mauvais », se proclama « Comité de Sureté générale » et s'empara de l'hôtel de police, où elle rencontra et fit prisonniers le commissaire spécial Jacomet et ses agents. Elle avait pour chef Timon, ancien conseiller d'arrondissement, récemment déclaré en état de faillite, poursuivi sous l'inculpation de « piquage d'once[1] », d'ailleurs acquitté par la Cour d'assises du Rhône en novembre 1868 ; mais repris et condamné plus tard à trois ans de prison pour vol de soieries sur un camion dans la rue.

Ces gens qui détestaient la police, — ayant pour

1. *Piquage d'once*, soustraction frauduleuse de soie, variété du délit d'abus de confiance, spéciale aux fabriques de Lyon et de Saint-Étienne.

cela de vieilles rancunes et de bonnes raisons, — s'empressaient d'en assumer la fonction.

Retranchés dans l'étroit boyau de la rue Luizerne, défendus par une garde prête à toutes les violences, ils s'imposaient par l'intimidation au Comité de Salut public, et ne consentirent à déguerpir qu'à prix d'argent, lorsque plus tard l'ordre fut tant bien que mal rétabli.

C'est par ce Comité de Sureté générale et par ses séides que furent commis dès la première heure les plus graves attentats contre la liberté individuelle, à la responsabilité desquels n'échappe pas d'ailleurs le Comité de Salut public, car ce Comité maintint, quand il ne les ordonna pas, les arrestations arbitraires [1].

---

1. Il résulte de l'examen des registres de la prison que quatre-vingt-huit arrestations ont été faites par l'ordre de Timon. Il faut signaler aussi l'arrestation de MM. Bonnet et Gaubin, en vertu d'un ordre signé Chaverot, dont j'ai conservé la copie : « Ordre au Comité des intérêts publics, en la personne du citoyen Baudy, secrétaire général, de faire arrêter immédiatement le sieur Bonnet, inspecteur en chef de la voirie municipale de Lyon, ainsi que le sieur Gaubin, tous deux organisateurs de corps non autorisés, et disposés à agir illégalement.

Lyon, le 14 septembre 1870.
Pour le Comité de Salut public,
L'un des Précidents :
« *Signé :* CHAVEROT ».

Le préfet Sencier, d'abord emprisonné à la mairie de la Croix-Rousse où il passa cinq jours au secret, ses secrétaires généraux de Laire et Cézan, le chef de division Windrif, le procureur général Massin, M. Baudrier, président de chambre à la Cour d'appel, plusieurs membres de la Commission municipale, tous les commissaires de police, un grand nombre d'agents, des prêtres, des religieux, les Pères Jésuites — ceux-ci arrêtés au moment où, par un trou percé dans un mur mitoyen, ils s'échappaient de leur couvent de la rue Saint-Hélène et cherchaient un refuge dans une maison voisine, — furent enfermés dans les cellules de la prison Saint-Joseph.

Quand les serviteurs de Dieu sont incarcérés, il est de tradition que le peuple mette en liberté Barrabas. Pour faire de la place aux nouveaux pensionnaires de Saint-Joseph, la bande à Timon leva l'écrou de cinquante malfaiteurs condamnés pour délit de droit commun, non sans leur avoir fait signer le bon billet d'un engagement pour la durée de la guerre !

Il est superflu d'ajouter que les arrestations se faisaient en des formes sommaires dont la tradition s'est depuis longtemps perdue en tout pays civilisé[1].

Au moment de son arrestation et comme il était brutalement emmené par les hommes de la rue Luizerne, le procureur général Massin rencontra l'avocat général Bérenger, qui, tout bouleversé d'indignation, s'en fût à l'hôtel de ville, trouva le Comité en séance et lui fit entendre une courageuse protestation.

C'est par M. Bérenger que le Comité apprenait l'arrestation du procureur général, à laquelle il était étranger. S'il n'osa pas ordonner la mise en liberté de M. Massin, il écouta, du moins, sans les interrompre, les reproches vé-

---

1. MM. Bellon et Thomasset, membres de la commission municipale, Debussigny, commissaire de police, furent remis en liberté peu après leur arrestation, et sur l'engagement signé par eux de se représenter à toute réquisition.

Voici le texte de l'engagement signé par le commissaire de police Debussigny : « Arrêté sous une inculpation qui n'est pas justifiée, M. le secrétaire du Comité de Salut public m'a remis en liberté à condition que je me représenterai à toute réquisition des membres du Comité. J'approuve et je m'engage à tout ce qui est écrit ci-dessus.

« *Signé :* DEBUSSIGNY.»

héments de l'avocat général et eût la sagesse
de ne pas s'en montrer irrité.

Quand M. Bérenger fut sorti de la salle des
séances, un garde national l'empoigna par le
bras et lui dit :

— Suivez-moi.

— Mais pourquoi? Et où prétendez-vous me
mener?

— Là où vous nous avez si souvent envoyés :
à la prison !

A ce moment vint à passer Chepié, l'un des
présidents du Comité. Il apostropha durement
cet homme et lui enjoignit de laisser l'avocat
général regagner son domicile.

Mais à peine M. Bérenger était-il chez lui,
que les agents de Timon vinrent l'y rejoindre
et l'emmenèrent à pied jusqu'à leur repaire
de la rue Luizerne d'où il fut ensuite trans-
féré à Saint-Joseph dans une voiture cellu-
laire.

Timon poursuivait de ses ressentiments les
magistrats qui l'avaient livré à la justice criminelle et l'arrestation de M. Bérenger fut la

revanche de l'accusé contre le réquisitoire de l'avocat général.

Plus heureux, ou moins confiant, le procureur impérial Choppin d'Arnouville put se soustraire à temps aux recherches de la nouvelle police.

Nommé depuis quelques mois à Lyon, où il avait remplacé M. Gaulot, M. le premier président Millevoye, malgré son dévouement notoire à l'Empire, et sa haute stature qui ne lui permettait pas de sortir inaperçu, ne fut jamais inquiété. D'un patriotisme éclairé, d'un libéralisme atténué par le sentiment très vif de l'autorité nécessaire, toujours affable, entouré de l'estime de tous, il était presque populaire dans le quartier ouvrier où il habitait le château de la Buire. J'ai conservé un souvenir reconnaissant de sa constante bienveillance.

A côté des attentats politiques contre la liberté des citoyens, il est juste de signaler le zèle de la population à protéger l'ordre dans la rue, et à prévenir ou à réprimer les délits de droit commun. Comme en 1848, le peuple arrêta les voleurs et les désigna au mépris public par des écritaux infamants.

Mais, quand il s'agissait des biens affectés à un usage religieux, le souci de la probité s'effaçait suivant le fanatisme populaire qui les mettait hors la loi. Les couvents des Carmes, des Jésuites, des Clarisses, les séminaires de Saint-Irénée et des Missions Africaines furent envahis et saccagés.

CHAPITRE IV

LA COMMUNE A L'HOTEL DE VILLE
LYON CONTRE PARIS. — PRÉFET OU AMBASSADEUR

La Révolution était accomplie à Lyon depuis neuf heures du matin et le télégraphe réquisitionné en avait porté la nouvelle à toutes les villes du Midi. Le Comité de Salut public, assumant toutes les responsabilités, absorbant tous les pouvoirs, gouvernait, administrait, légiférait pêle-mêle, et attendait, non sans inquiétude, les nouvelles de Paris [1]. Les heures s'écoulaient incertaines et menaçantes, lorsqu'on apprit très tard, dans la soirée, que Paris s'était enfin décidé à proclamer la République et qu'un gouvernement provisoire avait remplacé le pouvoir déchu.

1. « Vers quatre heures du soir, sur la nouvelle plus tard reconnue fausse que l'hôtel de ville allait être attaqué par l'armée, le citoyen Bessières reçoit la mission de convoquer à la hâte quelques compagnies de gardes nationaux. A six heures, 5 à 6.000 hommes répondant à cet appel remplissent la cour et les abords de l'hôtel de ville, décidés à défendre le Comité de Salut public. » (Extrait des *Procès-verbaux du Comité de la Guerre*, séance du 4 septembre.)

J'ai dit comment j'avais été imposé au Comité de Salut public par la poussée populaire, sans avoir brigué cet honneur. Entré à l'hôtel de ville, j'y étais resté avec l'espoir d'empêcher les excès qu'on pouvait prévoir et de hâter l'effacement de la Commune révolutionnaire devant une autorité centrale plus régulière.

Il convient de citer ici le témoignage malveillant, mais équitable, de Garel, l'un des secrétaires du Comité. Dans sa brochure sur *la Révolution Lyonnaise*, il a écrit (p. 7) :

Ce fut entre Andrieux et les autres membres du Comité une discussion incessante. A toute proposition, il objecta la légalité, le Code, etc. ; il dit que les citoyens auraient légalement le droit de s'opposer à l'effectuation des mesures arrêtées, et que lui-même s'y opposerait, comme c'était son devoir.

... Avocats, caste indécrottable (1) !

Ce Garel et la plupart de ses collègues croyaient que leurs décisions allaient avoir la force et la

1. *La Révolution Lyonnaise depuis le 4 septembre*, par LOUIS GAREL. Lyon, Regard, éditeur.

durée de la loi ; ils s'indignaient qu'on pût contester l'avenir de leurs décrets.

Si je n'avais été de tout temps l'adversaire des idées de fédéralisme et d'autonomie communale qui hantaient les meneurs de la démocratie lyonnaise, j'en aurais été éloigné dès le premier jour par le contact du gouvernement local. J'estimais d'ailleurs que les nécessités de la défense nationale exigeaient plus que jamais un pouvoir fort et par conséquent centralisé.

C'est dans cet état d'esprit qu'à la séance de onze heures du soir, le 4 septembre, je proposai au Comité l'envoi au nouveau Gouvernement d'une dépêche ainsi conçue : « La République a été proclamée ce matin à neuf heures à Lyon. Le Comité révolutionnaire a pris les mesures d'urgence et attend les instructions du Gouvernement provisoire. »

Cette rédaction déchaîna une tempête. Eh quoi ? Le Gouvernement issu de la révolution lyonnaise aurait à recevoir « les instructions », c'est-à-dire les ordres, du Gouvernement né de la révolution parisienne ? Et pourquoi l'un serait-il subordonné à l'autre ? Leurs origines n'étaient-elles pas les mêmes ? Se prévalant l'un et l'autre de l'acclamation populaire, source commune de leur légitimité, n'avaient-ils pas les mêmes droits ? Il fallut remplacer « les instructions » par « les communications », et ajouter « de Paris » aux mots « Gouvernement provisoire », pour mieux marquer l'indépendance du Gouvernement de Lyon.

Le Comité siégeait en permanence ; il suspendit sa séance à trois heures du matin.

Le lendemain 5 septembre, à neuf heures, la séance était reprise ; lecture était donnée de plusieurs dépêches de Paris annonçant la composition définitive du Gouvernement provisoire et l'envoi à Lyon du citoyen Challemel-Lacour comme préfet du Rhône.

Ce fut un beau tapage qui accueillit cette dernière nouvelle ! Il y aurait donc encore des préfets ? Pourquoi pas des chambellans ? Les représentants de la ville qui, la première, avait proclamé la République allaient-ils s'effacer devant un fonctionnaire pour le choix duquel ils n'avaient même pas été consultés ? Et qui leur était imposé par quelle autorité ? Par un Gouvernement exclusivement composé de députés de Paris, un Comité de bourgeois, où le nom de Rochefort était le seul gage donné au parti révolutionnaire !

On proposa de renvoyer le nouveau préfet à ses expéditeurs. Toutefois, après une longue discussion et à titre de transaction, on convint de recevoir Challemel-Lacour en qualité de « délégué du Gouvernement de Paris auprès du Gouvernement de Lyon », quelque chose comme un ambassadeur avec une qualification plus démocratique, et c'est ce titre de « délégué » qui lui sera constamment donné dans les *Procès-Verbaux des séances du Comité*[1].

Le Ministre de l'Intérieur eut-il le pressentiment des résistances que son Préfet allait rencontrer à Lyon ? Toujours est-il qu'il adressa la dépêche suivante au Comité de Salut public,

---

1. Voir les *Procès-verbaux des séances du Comité de Salut public*, publiés par Regard. Lyon, 12, rue de La Barre, 1870.

avec la visible préoccupation de gagner à son représentant la confiance d'une population ardemment républicaine:

Paris, 5 septembre 1870, 5 h. 48 m. du soir.

*Le Ministre de l'Intérieur
au Comité de Salut public à Lyon*

Challemel-Lacour, VIGOUREUX RÉPUBLICAIN, *part ce soir avec les pouvoirs nécessaires. Continuez à maintenir l'ordre.*

La qualification de *Préfet* avait disparu ; l'épithète de « vigoureux républicain » qui l'avait remplacée, et que Gambetta avait sans doute considérée comme une trouvaille, manqua, à vrai dire, son effet. Il ne s'agissait pas de savoir si Challemel était « vigoureux », mais de connaître s'il avait la prétention de substituer son autorité à celle de la Commune de Lyon ?

Le télégramme du Ministre de l'Intérieur était, du moins, la reconnaissance implicite des pouvoirs du Comité de Salut public.

Le Ministre échangeait avec cette Assemblée une correspondance officielle et la chargeait de « maintenir l'ordre ».

Les fonctionnaires n'avaient pas attendu cette sorte de légitimation pour faire leur soumission à ce Comité de Salut public accepté avec confiance par la grande majorité des républicains, subi par les conservateurs avec une résignation mêlée de terreur, mais dont personne ne contestait l'autorité.

Des juges de paix, un substitut, des employés de la préfecture avaient, dès la matinée du 5 septembre, fait leurs offres de service. D'autres vinrent les jours suivants.

Le langage de la presse qui avait soutenu l'Empire n'était pas fait pour décourager l'empressement de ces adhésions.

Voici le *requiem* que le *Salut Public*[1] consacrait au régime déchu dans son numéro publié le 5 septembre :

L'Empire s'est écroulé comme un édifice solide en apparence, mais dont les appuis sont depuis longtemps rongés par les termites. Il disparaît tout entier, sans

---

1. Dans un rapport sur les journaux de Lyon trouvé à l'hôtel de ville après le 4 septembre, on lit : « *Le Salut public*, c'est le journal de l'administration, mais il affecte une indépendance plus nuisible qu'utile et qui ne trompe personne. »

laisser après lui ni une affection, ni un regret. La République le remplace. C'était de droit.

Le Courrier de Lyon, passant de l'adulation
à l'injure par un brusque coup de barre, semblait vouloir faire oublier un passé de servilité :

L'aventure du second Empire est terminée, écrivait
son rédacteur en chef, M. A. Jouve. Il s'est effondré
sous le coup de ses propres erreurs, et par suite d'une
guerre mal conçue, mal préparée, mal menée, et dans
la conduite de laquelle ont été accumulées fautes sur
fautes, dont les principales doivent être attribuées à
l'homme qui fut empereur et qui s'est, jusqu'au dernier
moment, obstiné à peser de tout le poids de son faste,
de ses irrésolutions et de sa présomptueuse incapacité
sur les opérations militaires. Assez sur ce régime, qui
déjà n'appartient plus qu'au domaine de l'histoire. La
République est proclamée. En présence d'une dynastie
qui s'engloutit dans l'abîme, il faut bien reconnaître
qu'elle est une nécessité.

Le général Espivent de la Villeboisnet, tout
en consignant les troupes et en gardant l'attitude réservée que lui commandaient les circonstances, avait envoyé un de ses officiers au
Comité de Salut public pour nouer de bons rap-

ports entre l'autorité militaire et la nouvelle autorité civile.

Cette autorité nouvelle, devant laquelle chacun semble s'incliner, c'est la Commune.

Elle ne sera proclamée à Paris que six mois plus tard ; mais, à Lyon, dès le 4 septembre, c'est la Commune qui gouverne. Quand elle devra bientôt se retirer, en maugréant, devant un Conseil municipal élu, elle se réfugiera dans les Comités révolutionnaires, d'où elle menacera le représentant du pouvoir central, provoquera des prises d'armes et, en des retours éphémères, apparaîtra de nouveau à l'hôtel de ville, sans avoir besoin d'y rapporter son drapeau, qui n'aura pas cessé d'y défier les couleurs nationales.

Son esprit lui survivra d'ailleurs dans la majorité du Conseil municipal. Elle peut, dès le 4 septembre, s'approprier cette déclaration de principes qu'on lira le 19 avril 1871 au *Journal Officiel* de la Commune de Paris : « La Commune est le pouvoir unique ; son autonomie est absolue ; elle vote le budget communal ; elle

répartit et perçoit l'impôt ; elle choisit les magistrats ; elle organise la défense urbaine, l'instruction publique et l'administration ; elle vote
et réalise toutes les réformes administratives
et économiques destinées à universaliser le pouvoir et la propriété. »

CHAPITRE V

« UN VIGOUREUX RÉPUBLICAIN ». — CHALLEMEL-LACOUR
DEVANT LE COMITÉ. — LE PRÉFET AU SECRET DANS
SA PRÉFECTURE. — LA PROPOSITION CARLOD.

Le 6 septembre, à dix heures du matin, Challemel-Lacour arrivait à Lyon, avec sa valise, son
ami et secrétaire particulier Dionys Ordinaire,
et un neveu quelconque, sans emploi déter-
miné.

Challemel-Lacour était à peu près inconnu de
ses nouveaux administrés ; quelques lettrés
avaient lu de lui dans les revues des études
philosophiques ou littéraires ; les républicains
les mieux informés savaient qu'ancien norma-
lien, ancien professeur de philosophie, il avait
été proscrit après le 2 décembre ; qu'il avait
longtemps habité la Belgique, puis la Suisse, et
que, plus récemment, il avait avec Delescluze
organisé la souscription pour l'érection d'un
monument à Baudin.

Introduit dans la salle des fêtes, où siégeait solennellement le Comité de Salut public, le préfet du Gouvernement de la Défense nationale y fut reçu avec les égards dus au représentant d'un pouvoir qu'il importe de ménager, mais aussi avec une méfiance voisine de l'hostilité. Il y subit un long interrogatoire au cours duquel il assouplit sa raideur naturelle, se courba au niveau de son auditoire, s'efforça de gagner sa confiance par des déclarations appropriées aux circonstances, et mit toutes les ressources de sa haute intelligence à s'insinuer dans les sympathies d'une démocratie ombrageuse et revêche.

J'ai sous les yeux le passage du procès-verbal où il est sommairement rendu compte de cette première entrevue. Je lis :

Le citoyen Challemel-Lacour est introduit au sein du Conseil. Une longue conversation s'engage avec *le citoyen délégué*. Beaucoup de renseignements lui sont demandés. Le citoyen Chepié *prend acte*, au nom du Comité, *des déclarations du citoyen Challemel*. On décide qu'une délégation de cinq membres procédera à l'installation du citoyen Challemel dans ses pouvoirs. Sont nommés pour cette mission les citoyens Chepié, Grinand, Maynard, Vollot, Bergeron [1].

Les cinq commencèrent par *installer* le « citoyen délégué » dans ses appartements; ils lui attribuèrent quatre pièces, basses, mal éclairées, mal aérées, à l'entresol de l'hôtel de ville, ayant vue d'un côté sur la rue Puits-Gaillot, de l'autre sur la cour près du grand théâtre; on y avait accès par une sorte d'escalier de service sur les marches duquel s'échelonnaient des gardes nationaux, l'arme au pied, ayant pour consigne de ne laisser entrer aucun visiteur sans l'autorisation de l'un des présidents du Comité.

1. L'acceptation de Challemel-Lacour en qualité de « délégué » fut portée à la connaissance du public par l'affiche suivante :

RÉPUBLIQUE FRANÇAISE

COMMUNE DE LYON

Le Comité de Salut public a reçu le citoyen Challemel-Lacour délégué du Gouvernement provisoire.

De concert avec lui, toutes mesures seront prises pour la défense et le salut de la République.

Les Secrétaires,   *Les Présidents,*

DESPEIGNES, GAREL.   CHEPIÉ, L. CHAVEROT.

Le premier acte de Challemel-Lacour fut de nommer un secrétaire général, le titulaire de la fonction étant incarcéré à la prison Saint-Joseph. Son choix se porta sur M. Gomot, chef de bureau sous l'Empire, qui se recommandait aux sympathies de la démocratie lyonnaise par sa bonhomie, la familiarité de ses manières, son aspect négligé, sa qualité de franc-maçon et l'affirmation récente de ses opinions républicaines.

Gomot ajusta sur son nez ses lunettes d'or et prit place aussitôt dans l'entresol affecté au citoyen délégué, où déjà travaillaient, recevaient, fumaient, mangeaient et dormaient Challemel, son neveu et Dionys Ordinaire.

Le nouveau préfet n'était pas seulement dépouillé de son titre et de ses fonctions ; il était prisonnier à l'hôtel de ville. J'ai dit que personne ne pouvait arriver jusqu'à lui sans la permission du Comité ; je conserve une autorisation qui me fut accordée d'aller lui rendre visite ; elle est signée « Chaverot, président », et porte le timbre du Comité, orné d'un bonnet phrygien. Pour ne rien céler, je dois ajouter qu'au bout de quelques jours Challemel, lui aussi, obtint un laissez-passer qui lui permit de promener en ville son humeur contenue et ses réflexions mélancoliques.

Sa correspondance n'était pas mieux traitée que ses visiteurs. Nulles lettres, nuls télégrammes, même du ministre de l'Intérieur, ne lui arrivaient sans avoir été lus et visés par l'un des présidents. Si la correspondance avait quelque intérêt politique, il en était donné connaissance au Comité, qui en délibérait et décidait si elle serait livrée au destinataire. Par un renversement de toutes les traditions administratives, c'était contre le préfet que fonctionnait le *cabinet noir*. Mais le visa du Comité ne suffisait pas toujours à assurer la transmission du courrier préfectoral : des gardes nationaux triés parmi les plus purs formaient à l'hôtel de ville une sorte de garde prétorienne ; chargés du service du Comité, ils ne craignaient pas d'en reviser les décisions quand elles leur paraissaient entachées de tiédeur, et d'intercepter, dans l'intérêt supérieur de la République, les dépêches qu'ils avaient mission de porter au « délégué ».

Challemel voulut s'en ouvrir au citoyen Varambon, membre du Comité, qu'on lui avait représenté comme un esprit sage et pondéré, fourvoyé dans la bagarre révolutionnaire, mais plutôt enclin à servir la cause du pouvoir central contre les usurpations de la Commune.

Le procès-verbal de la séance du 6 septembre au soir contient le passage suivant :

Un huissier [1] vient, de la part du préfet, demander le citoyen Varambon. Plusieurs citoyens désireraient que le citoyen Varambon ne s'absentât point pour aller communiquer avec le délégué. Il est établi que le citoyen Varambon est libre.

Au risque de tomber en suspicion, Varambon eut le courage d'user de la liberté qui lui était reconnue.

Il conféra longuement avec Challemel, tandis que le citoyen Barodet lisait un rapport sur

1. La démocratie s'accommodant de tout ce qui peut rehausser la majesté du peuple et la dignité de ses représentants, nous avions conservé les huissiers en habits noirs, parés de chaînes d'argent.

« une balle nouvelle pouvant tuer cinq hommes à la fois », et sur « un plastron en cuir, formé de spirales, capable de rendre inoffensives les balles ».

Varambon rentre en séance et le procès-verbal continue :

> « Le citoyen Varambon, de retour d'auprès du préfet, expose que le préfet est profondément peiné de la position qui lui est faite ; il se considère comme prisonnier ; *il ne peut voir personne ; ses dépêches lui arrivent ouvertes ;* il ne peut s'expliquer qu'on le laisse dans cette situation. »

En négociateur habile, Varambon expose que le préfet va publier « une proclamation *vigoureusement* républicaine ». Le préfet a vu le général ; il a obtenu que dès le lendemain « la poudre et les balles seraient distribuées aux gardes nationaux ».

Varambon estime qu'un préfet qui s'emploie à combler les désirs de la garde nationale mérite la confiance du Comité ; il propose, en conséquence, « qu'une délégation lui soit envoyée afin d'expliquer qu'un malatendu est cause de ce dont il se plaint ».

Puis voilà que le citoyen Andrieux, en passe lui aussi de devenir suspect, se mêle de conseiller une politique de conciliation avec le représentant du Gouvernement de la Défense nationale :

« Le citoyen Andrieux, lit-on au procès-verbal, définit le mandat de la Commission de délégation; selon lui, il doit consister à favoriser les bons rapports qui doivent exister entre le Comité et le préfet. »

La délégation paraît avoir rempli son mandat avec succès ; car, lorsqu'elle rentre en séance, elle expose que « le préfet a compris tout de suite que les inconvénients dont il s'est plaint provenaient de la nature de la situation que nous traversons ».

En vérité, voilà un fonctionnaire aussi accommodant que perspicace! Aussi, après discussion, est-il décidé qu'une lettre lui sera écrite au nom du Comité par les présidents pour définir les pouvoirs de chacun et arrêter un *modus vivendi*. Le Comité se réserve tout ce qui regarde la commune de Lyon ; il abandonne à Challemel-Lacour le surplus du département du Rhône et promet que « les bureaux répondant aux besoins du département seront mis sur le pied convenable ». Il est dit en outre : « La médiation entre nous et le *Gouvernement provisoire*, pour les intérêts généraux et la défense nationale, vous sera attribuée au titre de *délégué du Gouvernement provisoire*. Il va sans dire que nous nous communiquerons réciproquement les dépêches d'intérêt général. »

Pour mince qu'il fût, c'était un progrès ; un autre plus important semblait devoir résulter d'une décision prise à la fin de la même séance.

Un modéré, le citoyen Carlod proposa que les électeurs fussent appelés, à une date prochaine, à nommer un Conseil municipal.

L'élection d'un Conseil municipal, c'était la fin de la Dictature révolutionnaire ; c'était le rétablissement des lois et d'un ordre régulier.

La proposition Carlod souleva de violentes protestations ; je pris la parole pour l'appuyer ; Durand me répondit de sa voix la plus caverneuse, et l'heure avancée de la nuit, la demi-obscurité de la salle favorisaient les effets de son genre d'éloquence. J'entends encore l'accablante apostrophe de son exorde *ex abrupto* : « Jeune homme, s'écria-t-il, avec un sourire amer, éprouvez-vous déjà la fatigue révolutionnaire? »

Non ! le *quousque tandem* de Cicéron ne fit pas courir plus de frissons parmi ses sénateurs romains que le : « Jeune homme, éprouvez-vous déjà », du citoyen Durand parmi ses collègues du Comité !

Et cependant, au grand scandale de ceux qui jugeaient nécessaire pour le salut de la République, le maintien du pouvoir révolutionnaire, la proposition Carlod fut adoptée. Il était trois heures et demie du matin.

CHAPITRE VI

ALBERT RICHARD ET *L'INTERNATIONALE*. — LES DÉLÉ-
GUÉS DU CLUB DE LA ROTONDE. — LE CITOYEN
BRIALOU.

Tout pouvoir excite la jalousie et les convoitises de ceux qui, se croyant aptes à l'exercer,
considèrent comme une injustice d'en être exclus,
et l'état démocratique, plus qu'aucun autre, est
exposé à subir l'assaut des évincés, parce que
plus grand est le nombre de ceux qui peuvent
prétendre y figurer en un bon rang.

La composition restreinte du Comité de Salut
public était loin d'avoir donné satisfaction à
toutes les ambitions couvées par la démocratie
lyonnaise. Parmi les mécontents se faisait
remarquer Albert Richard, jeune ouvrier intelligent, doué d'un certain talent de parler et
d'écrire, qui avait pris, durant les dernières

années de l'Empire, une part importante à l'organisation, à la propagande et au recrutement de l'*Internationale* à Lyon[1].

Albert Richard s'était présenté dès le premier jour à l'hôtel de ville, et, se réclamant de son influence sur les sections de l'Internationale, il avait d'abord obtenu que son nom fut ajouté à ceux des membres du Comité de Salut public; mais tenu en suspicion par un grand nombre de ses nouveaux collègues, qui, malgré la décision d'un jury d'honneur, persistaient à lui attribuer des relations intéressées avec le parti bonapartiste, il avait été presque aussitôt rayé en exécution d'un vote émis en assemblée générale.

Il prit sa revanche dans une nombreuse réunion populaire, tenue le 8 septembre salle de la Rotonde, en y faisant nommer dix commissaires qui devaient être « les intermédiaires du

---

1. Albert Richard avait été délégué par les adhérents lyonnais de l'*Internationale* aux Congrès de Bruxelles en 1868 et au Congrès de Bâle en 1869. Sous son impulsion, l'*Internationale* avait fait à Lyon des progrès rapides, lorsqu'il fut compris dans les poursuites exercées contre cette association au mois de mai 1870.

peuple lyonnais auprès du Comité de Salut public », avec une mission de surveillance et de collaboration mal déterminée. Trois de ces commissaires étaient désignés pour se rendre à Paris, stimuler le zèle du Gouvernement de la Défense nationale et lui exposer les vœux du peuple lyonnais.

Les derniers feux d'une popularité en train de s'éteindre m'avaient valu l'honneur de faire partie de cette délégation avec Albert Richard et le professeur de mathématiques Jaclard, plus tard adjoint de Clémenceau à la mairie du XVIIIe arrondissement. Étranger à Lyon, Jaclard arrivait de Genève, où il s'était réfugié à la suite du procès de Blois, dans lequel il était. impliqué. Sa camaraderie avec Albert Richard et un discours de réunion publique avaient suffi à lui concilier la confiance de ses auditeurs.

Les élus du Club de la Rotonde furent reçus le lendemain par le Comité de Salut public.

Albert Richard parla le premier. Usant de précautions oratoires pour ménager les jalouses susceptibilités du Comité, il exposa d'abord quel était le mandat dont il se prévalait, et s'abstint de parler de ses idées de derrière la tête sur la convocation d'une Convention nationale à faire élire par les grandes villes.

Après lui, un autre délégué, plus tard membre de la Chambre des députés, qui répondait au nom euphonique de Brialou, et dont le frère exerçait la gracieuse profession de danseur au Grand-Théâtre, parla dans le même sens, en appuyant plus lourdement.

Le procès-verbal de la séance résume ainsi son discours :

« Le citoyen délégué Brialou explique que c'est seulement à titre d'intermédiaire pacifique vis-à-vis du peuple que l'on veut agir, afin de l'éclairer sur les façons d'agir du Comité et d'en bien apprécier les travaux... que leur intention n'est pas d'établir la moindre dualité, mais bien d'augmenter la confiance du peuple en le tenant au courant de ce qui se fait. Il ajoute que la délégation envoyée au gouvernement provisoire serait utile pour parer à l'isolement où nous pouvons nous trouver à un moment donné et pour paralyser les craintes qui ne manqueraient pas d'en surgir, tout en contenant des impatiences ou des désirs qui peuvent être irréfléchis. »

Le citoyen Brialou, en cet épais galimatias, s'exerçait à marcher sur des œufs, sans les casser ; mais sa chorégraphie, moins aérienne que celle de son frère du Grand-Théâtre, parut exercer sur plusieurs membres du Comité des effets plutôt contondants, et les protestations un peu vives des citoyens Soubrat, Maire et Ychalette, eussent pu dégénérer en un dangereux conflit, si la courtoisie du président n'eût clos la discussion en ces termes conciliants :

« Le Président remercie les délégués de leurs patriotiques intentions et les prie de donner suite à leurs excellentes dispositions en faveur de la République. Ils agiront d'après leur initiative privée et sous leur propre responsabilité. »

CHAPITRE VII

Estimant qu'il importait d'appeler au plutôt l'attention du Gouvernement de la Défense nationale sur la gravité de ce qui se passait à Lyon, je n'avais pas cru devoir refuser le mandat du Club de la Rotonde. Je partis le 9 septembre au soir, en compagnie de Jaclard et d'Albert Richard, que je me réservais de piloter de façon à préparer un heureux échouement de leurs encombrantes prétentions.

Le lendemain, comme je sortais de déjeuner dans un restaurant du boulevard, je fus accosté près du théâtre des Variétés par un inconnu, correctement vêtu d'une redingote, qui, levant son chapeau haut de forme, m'interrogea :

— Monsieur Andrieux ?

— Oui, Monsieur.

— Je suis le citoyen Raoul Rigault, commissaire de police.

Ce nom ne me disait rien. Le futur « délégué à l'ex-préfectuce de police », le futur procureur de la Commune n'avait pas sur les mains le sang des ôtages et rien dans son insignifiante physionomie ne faisait présager la sinistre destinée qui lui était réservée.

— Je suis chargé, reprit-il, par M. le Garde des Sceaux, de vous prier de venir le voir vers deux heures au Ministère de la Justice, et par M. Antonin Dubost, secrétaire général de la Préfecture de police, de vous dire qu'il vous attendra toute la matinée à son cabinet.

Sans tarder, je me rendis à la vieille préfecture de police qui, adossée au palais de justice, s'ouvrait alors sur la rue de Harlay, à l'extrémité de la place Dauphine, et s'étendait du quai de l'Horloge au quai des Orfèvres. A travers des couloirs sombres et par de mauvais escaliers, j'arrivai au cabinet du secrétaire général. Nulle administration n'était plus mal logée.

Quand je l'avais connu, Antonin Dubost était premier clerc chez M⁰ Terme, avoué près le tribunal civil de Lyon. Grâce à la bienveillance du patron, je plaidais quelquefois pour les clients de l'étude.

Jeune, ardent, les cheveux en brosse, le teint coloré, d'une activité toujours en éveil, Antonin Dubost menait comme en tandem la basoche et la politique. Il avait dans ces deux branches la confiance de Le Royer, avocat distingué du barreau de Lyon, alors Vénérable de la loge *le Parfait silence*, en attendant qu'il le devint de celle du Luxembourg, disons du Sénat pour les profanes.

Mis en vedette par les élections législatives de 1869, son candidat Bancel, qu'il avait ramené de Belgique, ayant battu le Dʳ Hénon, Dubost avait accompagné le nouvel élu à Paris et s'y rencontrait à point lors des événements du 4 septembre.

Je trouvai Antonin Dubost affairé, entouré de ses secrétaires, leur dictant ses ordres, aussi à son aise dans l'exercice de sa récente fonction qu'autrefois en l'étude de M⁰ Terme. Je le remerciai du soin qu'il avait pris de me faire rechercher dès mon arrivée par son collaborateur Raoul Rigault, et je témoignai ma surprise d'avoir été si promptement retrouvé par ce zélé fonctionnaire.

— Raoul Rigault ! me dit Dubost, c'est mon meilleur commissaire de police.

Nous causâmes de Lyon, des difficultés qu'y rencontrait le nouveau préfet, des empiétements de la Commune révolutionnaire, des arrestations arbitraires, de la nécessité de rétablir l'autorité du pouvoir central.

Dubost insista sur l'urgence d'un entretien avec les Ministres de l'Intérieur et de la Justice ; il me donna rendez-vous chez ce dernier. Je le quittai après qu'il m'eût, en passant, présenté à son préfet ; c'était le comte de Kératry, homme aimable, frais émoulu de l'orléanisme.

Désireux d'appliquer au pouvoir les principes qu'avait professé le parti républicain dans l'opposition, M. de Kératry caressait le rêve d'être le dernier préfet de police et préparait naïvement un rapport dont les conclusions tendaient à la suppression de sa préfecture, sans se douter que cette institution, après avoir été la plus solide citadelle de l'Empire, deviendrait le plus ferme rempart de la République, disposerait d'un budget et d'un nombre d'agents que n'avaient jamais connus les régimes autoritaires et serait, avec la même énergie, défendue contre tous ses assiégeants par tous les ministres modérés, progressistes, radicaux, voire même socialistes que le hasard des combinaisons de groupes ou la confiance du Parlement installerait désormais dans l'immeuble de la place Beauvau.

A deux heures j'étais place Vendôme, et j'entrais au Ministère de la Justice. Je fus introduit aussitôt dans le cabinet du Ministre. Perdu dans un large fauteuil, sa tête crépue reposant sur son bureau, un vieillard rabougri somnolait : c'était l'avocat Adolphe Crémieux, Garde des Sceaux de la Défense nationale.

A côté de lui siégeait Antonin Dubost qui faisait l'intérim du Ministre endormi. Tout en

feuilletant un dossier, il interrogeait un personnage orné de la rosette d'officier de la Légion d'honneur, et cet interrogatoire semblait
celui d'un accusé.

S'interrompant à mon arrivée:

— Cela suffit, Monsieur, dit-il. Vous pouvez
vous retirer.

Puis, se penchant vers moi, tandis que s'éloi-
gnait l'homme à la rosette:

— C'est, me dit-il, un premier président.

Crémieux s'était réveillé et levait sur moi
des yeux percés à la vrille aux côtés d'un nez
camus.

Après les présentations, j'exposai au Garde
des Sceaux l'objet de ma visite; je lui fis le récit
des événements qui venaient de s'accomplir à
Lyon; j'insistai sur ceux qui devaient particulièrement retenir son attention; je lui parlai du
cours de la justice interrompu, des arrestations
arbitraires, des incarcérations de magistrats,
de son procureur général enfermé à la maison
d'arrêt.

Et le vénérable Crémieux, que le temps de

sa jeunesse paraissait intéresser davantage, m'interrompait pour me raconter ses souvenirs d'autrefois :

— Oui! Oui! disait-il ; c'est comme en 1848, quand Emmanuel Arago était commissaire de la République pour le département du Rhône. Membre du Gouvernement provisoire, j'étais alors pour la première fois Garde des Sceaux. Ah! cela ne me rajeunit pas! Vous avez encore à Lyon des magistrats dont j'ai signé le décret de nomination !

Je compris avec tristesse que je perdais mon temps chez ce vieillard verbeux et j'allais le quitter pour me rendre chez son collègue de l'Intérieur, quand il me retint pour m'offrir le choix entre la fonction de premier avocat général, — supprimée depuis lors, — et celle de procureur de la République à Lyon.

— Le Royer, me dit-il, accepte d'être nommé procureur général. Choisissez entre les deux situations que je vous offre ; celle que vous laisserez sera pour Millaud.

Déjà, avant mon départ de Lyon, Le Royer

m'avait fait part des intentions du Gouvernement ; je l'avais prié de répondre en ce qui me concernait par un refus ; il me répugnait de paraître recevoir le prix de mon opposition à l'Empire.

J'exposai au Garde des Sceaux les scrupules qui m'empêchaient d'accepter ; je cédai toutefois à ses instances auxquelles se joignaient celles d'Antonin Dubost.

Laissant à l'éloquence de mon confrère Édouard Millaud l'emploi plus solennel et hiérarchiquement plus élevé de premier avocat général, j'optai pour la fonction plus militante de procureur de la République, où je croyais pouvoir rendre quelques services à mes concitoyens.

Bientôt après je fus reçu par Gambetta au Ministère de l'Intérieur. L'accueil fut tout différent ; cet orateur savait écouter. Il me questionna longuement sur la composition, les tendances, les actes, les projets du Comité de Salut public, sur les moyens de mettre fin à une anarchie intolérable et de faire prévaloir l'autorité du représentant de la Défense nationale. Il me fit le plus vif éloge de Challemel-Lacour qu'il tenait en grande estime, autant pour l'élévation de son esprit que pour la conception autoritaire qu'il avait de la liberté.

Comme il ne fallait pas oublier la mission du Club de la Rotonde, un peu négligée pendant cette première journée, je demandai à Gambetta la permission de lui présenter mes deux codélégués. Rendez-vous fut pris pour le lendemain, avec prière d'abréger l'entretien.

Le 11 septembre, à l'heure convenue, j'arrivais place Beauvau, flanqué de Jaclard et d'Albert Richard. L'audience fut courte ; Jaclard ne dit rien ; Albert Richard prit à peine la parole ; Gambetta nous aspergea d'une eau bénite dont mes compagnons, plus accommodants que je ne l'eusse cru, parurent se contenter, et nous prîmes congé, avec le sentiment du devoir accompli.

CHAPITRE VIII

LE COMITÉ DE SALUT PUBLIC LÉGIFÈRE. — LA LI-
BERTÉ DE LA PRESSE ET LES « COMMUNIQUÉS ». —
LES ARRESTATIONS CONTINUENT.

Le 12 septembre, au matin, je m'acheminai vers la gare.

De Paris à Lyon le voyage fut lugubre : à chaque station s'engouffraient dans les wagons des familles qui fuyaient l'approche des Allemands; mes regards ne se détachaient pas de l'horizon brumeux, où il semblait à chaque instant qu'allaient paraître les aigles noires et les casques à pointe des envahisseurs. J'arrivai à temps pour communiquer au Comité de Salut public, dans la dernière séance du même jour, les impressions que je rapportais de mon voyage : « La révolution à Paris s'était accomplie sans violences, sans arrestations, sans confiscations ; les magistrats de l'Empire, voire même les commissaires de police, restaient au service de la République; parmi ces derniers, ceux-là seulement avaient été révoqués qui avaient pris part au coup d'Etat du 2 décembre; les préoccupations patriotiques dominant toutes les autres, unissaient les citoyens, sans distinction d'opinions, dans une fraternelle ardeur pour la défense du territoire. »

J'exprimai l'espoir que l'exemple de Paris serait suivi par Lyon. Le procès-verbal de la séance, après avoir résumé mon discours, en formule ainsi les conclusions :

Le citoyen Andrieux termine en invitant tous les membres du Comité à s'inspirer des sentiments d'union et de concorde qui, seuls, dans les rapports que Lyon doit avoir avec le Gouvernement, peuvent assurer le salut de la République.

Le Comité avait continué à légiférer; il avait supprimé l'octroi[1], qui représentait en même

1. L'octroi fut rétabli le 4 juillet 1871, après de violentes discussions au cours desquelles le conseiller municipal Ducarre avait écrit : « Dans une de vos rues, la rue Grenette, il y a une grille ronde, en saillie sur la voie publique; c'était, dit-on, le pilori, où la Justice commerciale de nos pères exposait les banqueroutiers, coiffés du bonnet vert. L'indignation publique y

temps qu'un revenu important du Trésor public, plus des trois quarts des recettes de la ville, et l'avait remplacé par un impôt annuel de 60 centimes pour 100 sur la valeur des immeubles et sur le capital de toutes les valeurs mobilières ; il avait décrété que les commissaires de police seraient élus au suffrage universel ; que les sergents de ville seraient révoqués, désarmés et expulsés de leurs casernes ; il avait voté l'amnistie pour tous les délits politiques et pour les délits de grève, la suppression des communautés religieuses, la confiscation de leurs biens, une réquisition de vingt millions sur les riches, en attendant l'impôt trop long à percevoir, et à défaut d'un emprunt trop difficile à réaliser :

En cas de malheur, avaient dit les orateurs, l'ennemi ne se gênerait guère et prendrait plus que nous ne demandons. Les capitalistes et les propriétaires, pour défendre leur avoir, peuvent bien faire un sacrifice moins grand, après tout, que celui des personnes dont la défense a le droit de démolir les maisons sans indemnité.

enverra peut-être un jour ceux qui auront déshonoré la ville de Lyon ; je ne veux pas qu'il y ait place pour moi. »

J'essayai en vain d'enrayer les usurpations de la Commune sur les droits du pouvoir central.

Je lis au procès-verbal de la séance du 14 septembre :

Le citoyen Andrieux dit que nous faisons une œuvre inutile en décrétant des lois que nous ne pourrons faire exécuter ; que nous empiétons sur le pouvoir central et que nous créons une dualité funeste.

Mais j'avais compté sans la superbe assurrance du citoyen Grinand qui répondait : « Des lois ! Y en a-t-il ? N'y a-t-il pas eu une révolution ? » Le citoyen Chapitet, venant en aide au précédent orateur, invitait ses collègues à donner l'exemple des audacieuses initiatives aux autres communes de la République.

Le Comité offrit d'abord à la presse un témoignage de sympathie en votant la suppression du privilège des annonces judiciaires. Mais, troublé dans la contemplation des principes par les attaques des journaux conservateurs, il se demanda si la liberté de la presse, excellente pour combattre les régimes monarchiques, ne devait pas être tenue en laisse, et muselée comme dangereuse, dans l'État républicain ?

Il eut le sang-froid de résister aux suggestions de l'amour-propre blessé et se borna à de sévères censures contre les journalistes d'opposition.

Le 9 septembre, c'était *la Décentralisation* et son rédacteur en chef, Charles Garnier, qui, sur la proposition du citoyen Vincent Guillaume, étaient « vigoureusement blâmés » pour un article relatif à la convocation d'une Convention nationale devant se prononcer sur la forme définitive du Gouvernement de la France.

Le 11 septembre, le citoyen Vaille demandait l'arrestation de tous les rédacteurs du *Salut Public* et du *Courrier de Lyon*. Mais le Comité, faisant appel « à l'indignation des honnêtes gens », se bornait à envoyer à ces deux journaux une lettre peu mesurée, où l'on pouvait lire : « Nous balayons l'ordure du passé. Devriez-vous survivre ? »

Le citoyen Jeannin, homme modeste, qui parlait peu et ne faisait pas parler de lui, fut délégué pour signifier cette lettre aux journaux intéressés et leur intimer l'ordre de la publier en tête de leurs colonnes.

Suspectant les généraux de l'Empire et soucieux de donner à l'armée des chefs républicains, le Comité de Salut public avait fait appel à Garibaldi et à Cluseret dont nous aurons à parler bientôt. A ce dernier le président du Comité avait écrit :

9 septembre.

Les généraux de cour tueraient notre nationalité. Général républicain des États-Unis d'Amérique venez nous aider à fonder les États-Unis d'Europe.

Le Comité avait offert un commandement de moindre importance à Gustave Flourens, tandis que je ne sais quel Club lyonnais le nommait son représentant à une assemblée révolutionnaire en projet.

Flourens avait répondu à ce double témoignage de confiance par la lettre suivante en style d'affiche qui est restée en ma possession :

11 septembre 1870.

Le Peuple lyonnais m'a nommé son délégué à une Assemblée Nationale révolutionnaire.

De grand cœur j'accepte.

Le Comité de Salut public de Lyon m'appelle au commandement d'un corps franc.

De grand cœur j'accepte.

Je commanderai ce corps franc en même temps que le 63e bataillon de Belleville dont je suis chef, et chaque jour nous ferons des sorties, et nous serons les premiers sous le feu de l'ennemi.

La grande et noble cité de Lyon me comble d'honneur. J'espère bien lui prouver autrement que par des mots que je veux être digne de cet honneur.

A la vie, à la mort, citoyens de Lyon,

Tout vôtre,

Signé : Gustave FLOURENS.

Les arrestations continuaient et terrorisaient la ville. Tantôt elles émanaient du Comité de Sûreté générale et de son chef Timon ; tantôt elles étaient ordonnées par une fraction du

Comité de Salut public, la Sous-Commission des Intérêts publics, dont Baudy était l'agent [1] ; souvent elles étaient l'œuvre de quelques gardes nationaux sans autre mandat que celui qu'ils tenaient de leur civisme, et c'étaient les plus

1. Je dois rendre à Baudy cette justice qu'il apporta, aux rigueurs dont il était chargé, tous les adoucissements possibles, et qu'il empêcha ou abrégea. quand il le pût, les détentions arbitraires. J'ai sous les yeux une lettre à lui adressée quatre ans plus tard par l'abbé de Cosnac, vicaire de Saint-Louis des Français à Moscou :

MONSIEUR,

Je ne sais sur qui doit retomber la responsabilité de l'inqualifiable arrestation dont j'ai été la victime à Lyon le 6 septembre 1870. J'ai été arrêté en pleine rue par une troupe de gens armés, qui malgré l'exhibition d'un passeport parfaitement en règle délivré par M. le Consul général de France à Moscou m'ont conduit à l'hôtel de ville, et après plusieurs longues heures on s'est décidé, sans que j'aie pu en savoir la cause, à me jeter en prison. C'est vous, Monsieur, qui avez été chargé de me conduire, et je reconnais que vous avez accompli votre mission avec toutes les convenances et les adoucissements possibles. La personne qui vous accompagnait me promit en votre nom que, le lendemain, on viendrait me délivrer parce qu'on voyait bien qu'on s'était trompé, mais qu'il y aurait danger pour moi à être délivré le soir même. Le lendemain en effet, vous êtes venu dans l'après-midi me faire sortir de prison et, le même soir, vous avez contresigné mon passeport à l'hôtel de ville.

En terminant, permettez à un prêtre de vous rappeler les enseignements de votre jeunesse. Une seule chose est nécessaire, servir Dieu, tout finit, tout passe sur la terre, honneurs, plaisirs, richesses, gloire, tout a bientôt fait de s'évanouir. Dieu veuille faire pénétrer de nouveau ces vérités en votre cœur, et quel que soit le sort qui vous attend, vous trouverez toujours en Dieu toutes les consolations que vous refuseront toujours les choses de la terre.

Veuillez agréer, etc.

Signé : DE COSNAC,
vicaire de Saint-Louis.

nombreuses, ceux-ci voyant partout des Prussiens, des espions et des traîtres.

La circulation n'était pas libre ; pour sortir de la ville, il fallait un laissez-passer![1]; on arrêtait aux portes les citoyens suspects de vouloir se soustraire au service militaire, et les biens soupçonnés de se dérober à l'impôt ou à l'emprunt forcé.

Ces attentats contre la liberté n'avaient pas toujours le caractère dramatique que nous avons rencontré dans les arrestations de magistrats ; l'élément comique s'y mêlait parfois.

Le 6 septembre, je vis arriver à l'hôtel de ville, entre quatre gardes nationaux, un pacifique citoyen, dont le visage rembruni s'éclaircit en me voyant.

— Ah ! Monsieur Andrieux, s'écria-t-il, vous allez me faire rendre justice !

1. Je retrouve l'autorisation suivante de quitter Lyon, accordée à mon père, comme une faveur, par le citoyen Grosbois, fabricant de formes et de sabots, l'un des membres les plus actifs et les plus bruyants de la Commission des Intérêts publics :

Le Comité des Intérêts publics autorise le citoyen L. Andrieux à circuler au dehors de Lyon.

Pour le Comité :

Signé : GROSBOIS.

Et il me conta sa mésaventure.

C'était M. Pierre Gay, propriétaire d'un jardin qui se développait en amphithéâtre sur la colline de Fourvières.

Il fallait autrefois, pour arriver au sanctuaire de la Vierge miraculeuse, poursuivre un long pèlerinage à travers des rues étroites, montueuses, durement pavées de cailloux pointus. En vérité, après cette épreuve, les fidèles avaient bien mérité la rémission de plusieurs jours de purgatoire.

M. Gay avait imaginé de leur adoucir le chemin du sanctuaire et celui du paradis en traçant à travers son jardin, sous l'ombre des grands arbres, un passage en pente douce, mollement sablé. Pour ce service, il percevait un droit de péage, cinq ou dix centimes, je ne sais plus.

Or, au lendemain du 4 septembre, quelques membres zélés de la Commission des Intérêts publics avaient pris entre eux une délibération ignorée du plus grand nombre, par laquelle ils « affranchissaient le passage Gay ». Et comme l'infortuné propriétaire récalcitrait et continuait à percevoir, quatre gardes nationaux étaient allés arrêter l'homme et saisir sa recette, que l'un d'entre eux portait dans une sacoche.

Je conduisis le brave Gay devant le Comité. Je plaidai sa cause, faisant observer à ses juges qu'il n'était pas équitable d'affranchir le passage Gay, quand on n'affranchissait pas les maisons de location, les voitures publiques et les bateaux-omnibus.

Gay acheva de gagner son procès en s'écriant : « Ah ! Messieurs, me traiter ainsi, moi qui suis un embellissement de Lyon ! » Pierre Gay était un des meilleurs, mais à coup sûr un des plus laids parmi les Lyonnais. L'éclat de rire qui accueillit son exclamation acheva de désarmer le Comité qui lui rendit sa sacoche avec la liberté.

La terreur était telle que les magistrats, membres de la Légion d'honneur, revenant du palais, enlevaient de leur boutonnière le ruban qui pouvait les désigner aux soupçons comme anciens fonctionnaires de l'Empire.

Je rencontrai sur le pont du Palais M. le président Barafort qui tenait, comme négligemment et par habitude, le pli de sa redingote dans sa main gauche.

— Que cachez-vous là, Monsieur le président, lui dis-je en plaisantant?

— Eh bien ! me répondit-il sur le même ton, je cache ma décoration. Moi, du moins, je ne l'ai pas enlevée !

CHAPITRE IX

A LA PRISON SAINT-JOSEPH
ÉVASIONS OU MISES EN LIBERTÉ

Le 10 septembre, jour même où j'avais été reçu par le Garde des Sceaux, avait été signé le décret qui me nommait procureur de la République à Lyon. Je devenais le chef ou le collègue des magistrats qui, trois mois plus tôt, avaient requis ou prononcé ma condamnation, et qui d'ailleurs n'ont jamais paru m'en garder rancune.

Je pouvais me coiffer d'un bonnet cerclé d'argent et dans les solennités ceinturonner de moire bleue ma robe noire ; mais quant à remplir ma fonction, c'était une entreprise plus téméraire. Je n'avais qu'un titre nu, sans autorité réelle, sans moyens et sans agents d'exécution. Mes plus indispensables auxiliaires, les commissaires de police, étaient tous en prison ; les sergents de ville révoqués et dispersés ; la police faite par les agents de la Commune et par des gardes nationnaux qui ne reconnaissaient d'autre autorité que celle du Comité de Salut public. On comprendra de quel crédit jouissait le Parquet quand on saura qu'un de mes substituts, M. Morin, avait été arrêté sur son siège, tandis qu'il requérait en police correctionnelle contre des prévenus de droit commun.

Le plus impérieux de mes devoirs, et j'étais impatient de l'accomplir, était de faire mettre en liberté les victimes des arrestations arbitraires ; mais, la prison étant surveillée par les forces révolutionnaires, tout élargissement d'un détenu politique, dans l'état de l'opinion, pouvait entraîner les désordres les plus graves et compromettre la sécurité des prisonniers.

Quoique ma nouvelle fonction ne parût guère compatible avec cette qualité, j'étais resté membre du Comité de Salut public. Je profitais de ce cumul pour avoir accès au Comité, y porter mes doléances et y puiser l'appoint d'autorité qui m'était nécessaire.

C'est ainsi que j'avais pu, le 13 septembre, mettre en accusation, devant cette Assemblée, Timon, le chef redouté de la bande de la rue Luizerne, et obtenir sa révocation, après que, par un odieux chantage, il eût emprisonné M. Grizard-Delaroue, syndic de faillite, à qui il avait tenté d'extorquer une somme d'argent.

Mais mon insistance pour obtenir du Comité une décision qui facilitât les mises en liberté restait vaine, parce que les membres les mieux intentionnés rentraient sous terre dès qu'il s'agissait d'affronter les colères et peut-être les représailles de la rue.

Le procureur général Le Royer, qui avait bien voulu s'entendre sur ce point avec le premier avocat général Millaud, et avec le procureur de la République, avait décidé que la cérémonie officielle de notre installation serait retardée jusqu'à ce que tous les magistrats détenus eussent quitté la prison. Ce n'était là qu'une protestation protocolaire dont le Comité ne paraissait guère s'émouvoir.

Cependant, le 16 septembre, je me rendis à

Saint-Joseph et j'en fis ouvrir les portes à M. le procureur général Massin, à M. l'avocat général Bérenger, à M. le substitut Morin, sans que leur départ éveillât l'attention.

Les difficultés étaient plus graves pour les fonctionnaires de l'ordre administratif, et surtout pour M. Sencier, l'ancien préfet.

Le 17 septembre, je reçus au parquet la visite de Mme Sencier qu'accompagnait un ami de sa famille, M. Aubert, agent de change, honorablement connu à Lyon. Les démarches qu'elle avait faites auparavant auprès de Le Royer et de Challemel-Lacour pour obtenir la mise en liberté de son mari avaient été accueillies avec sympathie; mais le procureur général, comme le préfet, avait conseillé la temporisation et la patience, craignant qu'en ces jours d'anarchie la mise en liberté de l'ancien préfet de l'Empire ne fût aussi périlleuse pour lui-même que pour l'ordre public.

Le général Trochu, qui avait avec la famille Sencier d'anciennes relations, était intervenu sans plus de succès. Challemel-Lacour télégraphiait, le 9 septembre, à Gambetta : « Faites donc comprendre au général Trochu que délivrer d'emblée M. Sencier, c'est provoquer une lutte sanglante. Je veux traîner jusqu'aux élections municipales, dont je fixerai le jour demain. »

Mme Sencier insista auprès de moi avec autant de dignité que d'émotion ; elle craignait que l'agitation populaire n'aboutît d'un moment à l'autre à un massacre dans les prisons, et les souvenirs de 1793 remplissaient son cœur d'une mortelle angoisse.

Je fus profondément touché de sa douleur et de ses larmes.

— Madame, lui dis-je, peut-être serai-je demain à la place de M. Sencier ; mais il sera libre dès ce soir ; j'irai moi-même veiller à son élargissement.

Il s'agissait de présider à une évasion plutôt qu'à une mise en liberté ; car, si je pouvais compter sur le personnel des gardiens et particulièrement sur le gardien chef, le brave Pernin, auquel je dois un souvenir reconnaissant,

il importait de dépister la surveillance des es-
tafiers de la rue Luizerne et autres malandrins,
capables des plus graves violences contre l'ancien préfet, s'il tombait entre leurs mains. La
connaissance des lieux, que je devais à ma
récente villégiature à Saint-Joseph, facilita
ma tâche.

Les détenus politiques étaient enfermés à la
maison d'arrêt, prison neuve, placée sous le
vocable de Saint-Joseph ; à côté, s'élevait la
maison de correction, ou prison Saint-Paul,
beaucoup plus ancienne. Ces deux prisons
n'étaient séparées que par la largeur de la rue
Delandine, sous laquelle avait été ménagé un
passage souterrain.

Je connaissais cette voie de communication
et comme la maison d'arrêt était la plus sévè-
rement gardée à cause de l'affectation qu'elle
avait reçue, je me servis du tunnel pour faire
échapper par la porte moins bien surveillée de
la prison Saint-Paul les prisonniers dont il
fallait dissimuler le départ.

M. Sencier inaugura ce mode d'évasion le

17 septembre. Je sortis avec lui à la faveur de la nuit et je l'accompagnai à la gare de Perrache, où l'attendait un wagon, préparé par les soins du chef de gare.

Les issues de la voie étant surveillées, nous passâmes par une porte d'ordinaire interdite aux voyageurs. Là un garde national était en faction ; son salut nous causa un moment d'alerte ; mais je fus vite rassuré, en reconnaissant sous le képi le regard sympathique et le visage ami de M. Allut, l'un de mes substituts, que les hasards du service avaient placé à l'entrée de ce passage.

Après le départ du train qui emportait l'ancien préfet, je retournai à la prison où, pour la même nuit, je m'étais imposé un autre devoir.

Parmi les fonctionnaires arrêtés le 4 septembre était M. Chevreuse, commissaire de police du quartier de la Croix-Rousse, plus particulièrement désigné aux rancunes des républicains par la part qu'il avait prise aux poursuites politiques dans les derniers mois de l'Empire : on lui reprochait l'exagération de ses rapports, la partialité de ses dépositions devant les tribunaux de répression ; sans mettre en doute sa bonne foi, j'avais constaté moi-même le peu de fidélité de ses souvenirs dans ses comptes rendus de réunions publiques ; son témoignage avait été le principal argument du procureur impérial requérant ma condamnation à l'emprisonnement pour outrage envers l'Empereur.

D'un tempérament nerveux et maladif, le malheureux Chevreuse, depuis qu'il était à Saint-Joseph, avait des hallucinations qui n'eussent pas tardé à l'acheminer vers la folie : il rêvait que des bandes armées pénétraient dans sa cellule ; il voyait autour de lui se lever des poignards sanglants.

Le grief personnel que j'avais contre lui, autant que le souci de son état de santé, me décida à mettre en liberté dès cette même nuit le commissaire de la Croix-Rousse.

Les autres levées d'écrou se succédèrent les jours suivants ; mais il fut nécessaire de les espacer pour les dissimuler à l'attention des hommes armés qui surveillaient la prison, et ne pas provoquer des attentats plus graves peut-être que ceux dont nous voulions faire cesser les effets.

Plusieurs fois je suis venu, la nuit, à la maison d'arrêt ; j'ai fait monter les prisonniers dans une voiture amenée pour eux et stationnant, lanternes éteintes, dans l'obscurité d'une rue voisine ; je les ai accompagnés à une gare ou à un domicile où ils devaient être en sûreté.

Quels que fussent le droit et le devoir de ma fonction, mon rôle semblait moins celui d'un magistrat mettant fin à l'injustice d'une arrestation illégale que celui d'un conspirateur, complice d'une évasion.

Je dois ajouter que, dans l'accomplissement de ma tâche, l'appui et les encouragements du procureur général et du préfet ne m'ont jamais fait défaut.

Le président Baudrier avait été emprisonné, moins à raison de sa fonction de magistrat qu'il remplissait avec indépendance, que pour sa qualité de membre de la Commisssion muni-

cipale durant les dernières années de l'Empire.

Les gens qui vinrent le chercher lui exhibèrent
un mandat ainsi libellé :

RÉPUBLIQUE FRANÇAISE

COMMUNE DE LYON

Ordre d'amener devant nous le citoyen Baudrier,
membre de la Commission municipale, président de
chambre à la ci-devant Cour impériale de Lyon, rue du
Plat, 8.

Pour le Comité de Salut public :

Approuvé par le commissaire spécial :

TIMON.

Atteint d'une douloureuse maladie de foie, le
président Baudrier obtint, dès le 14 septembre,
la faveur de quitter sa cellule et de faire sa
prison à domicile, sous la surveillance de deux
sentinelles qui, du reste, disparurent deux jours
après.

De tous les détenus politiques, il fut le seul
qui quitta la prison sur l'ordre direct du nou-

veau préfet, encore cet ordre, qui ne lui rendait pas la liberté, était-il entouré de précautions oratoires, destinées à couvrir la responsabilité du préfet vis-à-vis des autorités révolutionnaires et à plaider, pour ainsi dire, les circonstances atténuantes en faveur de la mesure d'humanité qu'il croyait devoir prendre.

Au surplus, en voici le texte :

Vu le rapport de M. Medeux, qui constate que M. Baudrier est dans un état de maladie qui exige des soins particuliers ;

Vu les pouvoirs du préfet sur les prisons ;

Vu ce que commande l'humanité en cette circonstance ;

Le préfet arrête :

M. Baudrier est autorisé à se faire transporter à son domicile, où il restera à la disposition de la justice, sous réserve des mesures de précaution jugées nécessaires.

Il est enjoint à M. le directeur de la prison de remettre M. Baudrier aux mains du citoyen Couturier, capitaine d'état-major de la garde nationale.

Le préfet,

CHALLEMEL-LACOUR.

La justice ayant repris son cours régulier, le président Baudrier remonta sur son siège. Il fut révoqué de ses fonctions par un décret en date du 19 septembre 1883, en vertu de la loi sur la suspension de l'inamovibilité dans la magistrature. Son arrestation après le 4 septembre semble avoir été le grief le plus fondé que la chancellerie d'alors pût invoquer contre ce magistrat.

CHAPITRE X

L'élargissement des magistrats de l'ordre judiciaire n'avait pas causé grand émoi, mais la mise en liberté de M. Sencier et celle du Commissaire de police de la Croix-Rousse devaient, dès le lendemain, nous être reprochées comme des actes de forfaiture.

L'opinion était particulièrement excitée contre l'ancien préfet à cause de la découverte de mandats d'amener rédigés contre un grand nombre de républicains et même contre certains membres de l'opposition libérale la plus modérée, galamment invités chaque année aux bals de la préfecture. On y voulait voir la préparation d'un coup d'État, et ce qui accréditait cette hypothèse dans l'imagination populaire, c'était la hâte avec laquelle on avait voulu faire disparaître ces mandats le 4 septembre : ils avaient été trouvés à demi-consumés dans une cheminée au moment de l'envahissement de l'hôtel de ville.

L'opinion publique en attribuait la responsabilité à M. Sencier, fort injustement d'ailleurs, s'il faut en croire la lettre suivante qu'il m'a fait l'honneur de m'adresser :

24 septembre 1870.

Monsieur,

Comme magistrat et comme homme, vous vous êtes montré vis-à-vis de moi plein de courtoisie, de courage et de loyauté.

Je vous en exprime ma reconnaissance.

Cette attitude, Monsieur, m'impose le devoir de vous donner certaines explications.

Il s'agit des projets de mandats d'amener trouvés à l'hôtel de ville, et des allégations contenues à cet égard dans un article récemment publié par *le Progrès*.

J'affirme sur l'honneur que, lorsque je suis arrivé à Lyon, ces mandats existaient depuis fort longtemps. S'il s'en est trouvé portant le millésime de 1870, cela tient sans doute à ce qu'on a voulu reviser le travail primitivement exécuté. Ce qui prouve que les choses se sont ainsi passées, c'est que les pièces ne portaient ni dates, ni signatures.

J'affirme sur l'honneur, que j'attachais si peu d'importance aux mandats ou aux notes individuelles qui les accompagnaient que je ne les ai même pas vus et que, si tout cela m'avait jamais été soumis, je n'aurais certainement par souffert qu'on mît en suspicion les hommes auxquels *le Progrès* fait allusion et qui se trouvaient dans un camp politique autre que le mien, mais dont le caractère et l'honorabilité m'inspiraient confiance et sympathie.

J'affirme sur l'honneur que, sous mon administration, il n'a été, avec mon autorisation, donné connaissance des mandats ni à l'autorité militaire ni à l'autorité judiciaire. Elles n'ont donc pas eu à refuser un concours que personne ne leur a demandé, et le procureur général a dit vrai lorsqu'il a répondu qu'il ignorait le fait dont on lui parlait.

J'affirme, enfin, sur l'honneur, que jamais je n'ai reçu d'instructions directes ou indirectes pouvant laisser supposer que la pensée d'un coup d'État quelconque ait été conçue à Paris.

Vous pouvez, Monsieur, accueillir toutes ces affirmations. Elles émanent d'un homme qui n'a jamais menti, qui n'a jamis reculé devant la responsabilité de ses actes, qu'elles qu'en dussent être les conséquences, et auquel ses ennemis politiques eux-mêmes n'ont jamais refusé leur estime.

Je laisse à votre appréciation le soin de faire de cette lettre l'usage que vous jugerez convenable.

Agréez, Monsieur, l'expression de mes sentiments de considération et de gratitude.

Signé : L. SENCIER.

L'irritation fut grande contre les fonctionnaires accusés par la rumeur populaire d'avoir
trahi la République, sans qu'on sût bien la
part de chacun dans le crime de complicité
d'évasion qu'on leur imputait solidairement.

Challemel-Lacour était plus particulièrement
visé ; cet autoritaire déguisé en « vigoureux républicain » n'avait sans doute été envoyé à
Lyon que pour entraver la justice du peuple ; la
clameur publique s'élevait contre lui plus chargée
de menaces qu'elle ne l'était contre le procureur
général ou le procureur de la République.

Une réunion de protestation eût lieu le
21 septembre dans la salle Valentino, à la Croix-
Rousse. Il était dix heures du soir ; la réunion
battait son plein, quand j'appris qu'on y délibérait sur la question de savoir si la Croix-Rousse
descendrait sur l'hôtel de ville : il me parut plus
simple de monter à la Croix-Rousse.

J'avais alors une conception particulière de
la mission d'un fonctionnaire dans une démocratie ; j'estimais que mon devoir n'était pas de
me draper dans la dignité de ma charge ; que

je devais, par un contact fréquent avec mes concitoyens, agir sur l'opinion publique. J'étais d'ailleurs soutenu par les ressorts d'une foi républicaine toute neuve qui n'avait point encore été cahotée dans l'ornière de l'expérience.

Élu conseiller général de ce même quartier de de la Croix-Rousse dans les derniers mois de l'Empire, j'espérais, malgré la défaveur dont m'enveloppait ma nouvelle fonction, y avoir conservé quelque popularité, et pouvoir faire écouter des paroles de patriotisme et de bon sens.

Ce fut comme une stupeur lorsqu'entrant dans la salle Valentino, je me dirigeais vers la tribune, et qu'interrompant les déclamations furibondes de je ne sais quel orateur, je demandai la parole.

Accueilli d'abord par l'unanime murmure de l'Assemblée quand je revendiquais pour moi seul la responsabilité d'une mesure que je demandais à expliquer, je retrouvais peu à peu la sympathie d'une partie des auditeurs en leur parlant de la République qui ne pouvait être définitivement assise sur la base nécessaire du suffrage universel que par l'adhésion de ses anciens adversaires, majorité de la veille, — et de la Patrie qu'il n'était possible de sauver après nos désastres que par l'union de tous ses enfants. Je leur disais comment à Paris la révolution du 4 septembre s'était accomplie ; ce que je venais d'y voir, et l'impression réconfortante que j'en avais rapportée ; tous les partis oubliant leurs divisions pour se dévouer à la défense nationale :

Pour que la République devienne le Gouvernement définitif du pays, ajoutai-je, il ne suffit pas d'avoir renversé un trône. J'aperçois, pour la fonder, deux méthodes opposées : la première, et suivant moi la bonne, c'est de la faire aimer ; l'autre, plus contestable, c'est de la faire craindre, au risque de la rendre odieuse. Encore faut-il choisir entre ces deux politiques, et ne pas faire à Lyon l'essai de la terreur quand, à Paris, c'est la République de liberté et de fraternité qui gouverne. Ne vous attardez pas aux mirages de l'histoire, et ne croyez pas que la violence fraye la route à la liberté. Nos pères, pour faire la Terreur, avaient des raisons que nous n'avons pas, et cependant c'est la Terreur qui a perdu la première République ; c'est le souvenir sanglant de 1793 qui, depuis près d'un siècle, a fait obstacle à l'établissement du régime pour lequel nous avons si longtemps combattu. Le seul moyen d'assurer la durée de la République dans notre démocratie, c'est de prouver qu'elle répudie toute violence ; qu'elle veut le bonheur de tous, la sécurité et la justice pour tous.

J'obtins d'abord quelques timides applaudissements, vivement réprimés par les cris : « A bas, la claque ! » Puis les manifestations approbatives devinrent plus nombreuses, et quand je terminai ma harangue, au milieu d'applaudissements nombreux, je crus avoir cause gagnée.

Mais, en sortant par la porte qui s'ouvrait sur la place de la Croix-Rousse, je me trouvais en face d'une foule hurlante, qui n'avait pas entendu, et à laquelle je ne pouvais faire écouter mes explications.

Ce n'était plus cette population inquiète, ombrageuse, irascible, mais laborieuse et sincère qui rêve d'un idéal social, tout en tissant la soie au bruit monotone des métiers ; c'étaient les vagabonds, les repris de justice, les gens sans aveu, aux faces congestionnées par l'envie et par la haine, qu'on ne voit rassemblés en si grand nombre qu'aux jours d'émeute, l'écume des grandes villes poussée à la surface par l'orage. Et les poings se tendaient vers moi, éclairés par la lueur des becs de gaz dans la nuit ; et la foule criait : « A bas ! A bas, Andrieux ! Il a mis en liberté Sencier, qui voulait envoyer les républicains à Cayenne. A l'eau ! A l'eau ! »

Dans la rue, comme dans l'enceinte des parlements, les hommes assemblés sont lâches ; l'intensité des sentiments bas et vils est en raison directe du nombre de ceux qui les éprouvent en commun.

A Lyon, toujours près du fleuve ou de la rivière, entre le Rhône et la Saône, le cri « à l'eau ! » c'est le cri de mort, et il eût été sans doute ma condamnation, suivie d'une exécution rapide, si un brave limonadier du coin, plus tard conseiller municipal, le citoyen Ruffin, n'avait eu l'idée de requérir les gardes nationaux du poste voisin et de provoquer mon arrestation.

Au milieu d'un peloton d'hommes armés, je

marchais vers le poste de la mairie de la Croix-Rousse, et satisfaite de cet acte de justice, la foule applaudissait, tout en continuant ses injures et son charivari.

Ruffin m'avait arraché à l'exécution sommaire ; mais les gardes nationaux prenaient au sérieux leur rôle de justiciers, et, se tenant pour responsables de leur prisonnier vis-à-vis du peuple, ils m'enfermèrent dans une sorte de cave qui, d'ordinaire, sous le nom populaire de « violon », servait de lieu de détention provisoire pour les vagabonds et les malfaiteurs jusqu'à l'heure de leur transfert au dépôt du palais de justice.

La salle où je me trouvais n'avait pas servi depuis le 4 septembre ; elle conservait les traces et les odeurs des hôtes qui m'y avaient précédé ; un peu d'air et une vague lueur de réverbère y pénétraient par une espèce de chatière, fermée par des barreaux de fer. Cette ouverture ne tarda pas à être découverte par les rôdeurs qui guettaient leur prisonnier. Et par ce trou les huées contre moi recommencèrent, et des pierres me furent jetées, aux coups desquelles j'échappais en me tenant debout, sous la lucarne, le dos contre la muraille.

Puis mes tortionnaires se lassèrent; le silence se fit; le réverbère d'en face s'éteignit, l'obscurité fut complète autour de moi.

La nuit, sans sommeil, est favorable aux méditations : je me pris à songer que la République n'est pas seulement une philosophie, une religion, mais que sous cette abstraction il y a un *substratum*, des hommes, un parti, des appétits, des convoitises, des hypocrisies, des lâchetés. Je n'en aimais pas moins la république abstraite; mais la concrète m'apparaissait moins désirable; au rude contact des frères, la fraternité commençait à s'émousser en moi.

Il devait être près d'une heure du matin, quand le pêne de la serrure grinça sous l'effort d'une lourde clef. Tandis qu'une lanterne portée par l'un de mes geôliers jetait sa lueur sur les murs de ma prison, je vis entrer un matelas plié en deux, des côtés duquel pendait, à droite une bouteille de vin, à gauche un panier de victuailles.

Quand le matelas tomba par terre, j'en vis sortir la tête souriante du bon Ruffin, qui, dès que la foule se fut dispersée, avait songé à m'apporter de quoi manger, boire et dormir. Ce n'était pas de refus ; car, avant de monter à la salle Valentino, je n'avais pas eu le loisir de dîner.

A quatre heures et demie du matin, nouvelle alerte : cette fois c'était la liberté que m'apportait le citoyen Métra, colonel de la garde nationale, envoyé par le Préfet et par le Procureur général ; s'inclinant devant ses galons, mes gardiens lui livrèrent leur prisonnier ; je descendis avec lui la pente déserte de la Grand'-Côte, éclairée par les premières lueurs de l'aube, et il m'accompagna jusqu'à la place des Terreaux, où je le quittai pour rentrer chez moi.

J'appris qu'une bande de malandrins, durant la même nuit, était allée carillonner à la porte de Le Royer avec le projet de l'arrêter. Mais mon procureur général, qui se méfiait, s'abstenait, depuis qu'il était fourré d'hermine, de coucher à son domicile.

CHAPITRE XI

LA FIN DU COMITÉ DE SALUT PUBLIC. — SES ADIEUX
AUX LYONNAIS. — CHALLEMEL ET DELESCLUZE. —
LES ÉLECTIONS MUNICIPALES.

A la date de mon arrestation à la Croix-Rousse, un fait important venait de se produire, qui préparait l'avènement d'un ordre plus régulier : je veux parler de la substitution au Comité révolutionnaire d'une administration municipale librement élue.

Peut-être se rappelle-t-on que dans la nuit du 6 septembre, appuyant la proposition du citoyen Carlod, j'avais obtenu que le Comité de Salut public résignât ses pouvoirs et fût remplacé par un Conseil municipal à élire le 18 septembre.

Ce vote de désintéressement ne tarda pas à être regretté et considéré comme l'effet d'une surprise. Dès le lendemain la question était remise en délibération, et le Comité annulait la plus honorable des décisions qu'il eût prises.

Les raisons de ce revirement sont résumées en ces termes par le secrétaire du Comité, Louis Garel, dans sa brochure sur *la Révolution Lyonnaise* :

La situation du Comité, dit-il, ne pouvait sans doute pas être éternelle; mais il fallait le prolonger le plus possible, et ce n'était pas à lui à faire préjuger de son peu de durée et à s'entacher d'impuissance et d'inanité. Son devoir était de maintenir le droit révolutionnaire et d'en user; de ne pas refuser la tâche, si lourde qu'elle fût, et d'assembler toute sa force pour l'accomplir, quoi qu'il advint et justement parce qu'il pouvait advenir des événements terribles et des difficultés encore plus grandes.

Quelle confiance, d'ailleurs, devait-on avoir dans le suffrage universel? N'est-il pas trompeur et dangereux dans les moments critiques, et peut-il suffire à leur impérieuse exigence? Ne donne-t-il pas, par sa légalité même, un caractère timoré et respectueux à ses mandataires, qui ont à tenir compte des opinions diverses de leurs mandants, tandis que des révolutionnaires non élus, acclamés, ne tiennent leur mandat que de la situation même qu'ils ont créée, ne sont liés par rien, agissent librement et énergiquement? A cette époque, la France tout entière protestait contre l'élection proposée d'une constituante. Ce qu'on jugeait mauvais en grand, pouvait-il être bon en petit, et ceux qui voulaient un conseil municipal n'étaient-ils pas ceux-là qui refusaient la Révolution et toutes ses conséquences?

Cette page mérite de retenir notre attention parce qu'elle est l'image exacte de l'esprit qui dominait au Comité, en même temps que le miroir fidèle où se peuvent reconnaître, jacobins ou socialistes, les démagogues de tous les temps : ils placent leurs volontés au-dessus du consentement des majorités, car ils sont le droit, la vérité, la justice, et ce droit, cette justice, cette vérité dont ils sont seuls juges, en leur infaillibilité, il leur appartient de les imposer au plus grand nombre pour le bien de l'humanité; la démocratie, c'est leur dictature; ils détiennent la souveraineté du peuple en vertu d'un droit révolutionnaire qui se confond avec la force; le suffrage universel n'est plus l'organe respecté de la volonté nationale, le générateur du droit populaire; c'est un instrument dangereux d'anarchie ou de révolte dont il faut diriger ou corriger les manifestations, quand il n'est pas possible de les suspendre ou de les supprimer.

La bourgeoisie libérale qui avait salué l'arrivée à Lyon de Challemel-Lacour comme une délivrance, et qui lui demandait impatiemment des actes d'autorité contre le Comité de Salut public, ne se rendait pas compte qu'il n'avait guère que le titre de Préfet, — encore le lui avait-on contesté ! — et que le pouvoir était aux mains de la Commune révolutionnaire, dont il ne pouvait ni abattre le drapeau, ni annuler les délibérations.

L'amertume qu'il en ressentait déborde dans cette lettre que Challemel écrivait, le 13 septembre, à Delescluze et qui a été retrouvée au cours d'une perquisition, quelques jours après que le dictateur de la Commune expirante fût tombée sur la barricade du Château-d'Eau :

MON CHER AMI,

Je ne lis pas le *Réveil*, quoique je le fasse acheter régulièrement.

Depuis cinq heures du matin, et il est dix heures du

soir, je suis occupé, obsédé, importuné, et savez-vous ce qui m'occupe ? Ce ne sont pas les Prussiens, ce n'est pas la défense de Lyon ; non, c'est de m'ingénier à empêcher à tout prix une collision entre tout le monde (*républicains compris*), et une bande qui s'est emparée de la préfecture et fait mille sottises, menaçantes, irritantes, et sans aucun résultat. Cette bande, c'est l'Internationale de Lyon, composée de ce qu'il y a de pire dans le mauvais ; que l'invasion ne touche guère, que la République n'émeut pas du tout, et qui s'en vante. Sans eux tout irait ici admirablement. La République y a des forces étonnantes. Le patriotisme et le courage sont grands. Depuis ce matin, les enrôlements sur *l'autel* de la patrie, avec fanfares de trompettes à chaque enrôlement, me réjouissent le cœur. Mais ces imbéciles, mêlés d'anciens mouchards, paralysent tout. Ils ont arboré le drapeau rouge, bien qu'il n'ait pour eux aucune signification que d'être un défi à la Républiqne, au bon sens, etc. Le collectivisme est leur affaire. Savez-vous ce que c'est que cette bête-là ? Je ne sais s'ils voudraient me pousser à les écraser ; je n'aurais qu'à lever le doigt pour qu'ils disparussent. Car j'ai pour moi tout le monde ; les républicains, parce qu'ils ont senti bien vite, j'ose le dire, que j'en suis un ! les bourgeois, parce qu'après tout je suis la seule autorité sur laquelle ils puissent s'appuyer.

Les drôles qui composent la force de l'Internationale ont pris le pas dimanche sur les honnêtes gens du Comité de Salut public, par l'avantage qu'ils avaient d'être organisés sous l'étendard d'une secte, tandis que républicains et révolutionnaires, isolés et étrangers les uns aux autres, selon leur louable coutume, ne formaient aucun groupe. A cette heure, la susdite serait anéantie, si je n'avais résisté à toutes les suggestions de répression qui m'accablent. Il aurait fallu pour cela un coup de force, donner à l'étranger qui est chez nous et aux autres peuples le spectacle de nos dissensions, et faire encore une fois des vainqueurs et des vaincus; entamer la série des conséquences qui se rattachent à un coup de force, comme la queue du serpent tient à la tête.

Tout cela me paraît horrible. Mais qui sait si demain les drôles, qui m'ont regardé de travers dès le premier jour, non à cause de mon nom ou des hommes du Gouvernement qui m'envoie, mais tout simplement, parce que je venais de Paris, parce que je représentais l'autorité nationale, destinée à borner celle de l'Internationale, ne me forceront pas à les balayer? Je le ferai, n'en doutez pas, sans barguigner, parce qu'ils perdent ici la République; mais je le ferai le cœur navré.

Oh! ma rue Fontaine-Saint-Georges, où êtes-vous?

Signé : CHALLEMEL-LACOUR.

Challemel exagérait l'importance de l'*Internationale* dans le Comité de Salut public, où elle n'était représentée que par sept de ses membres, Beauvoir [1], Palix, Placet, Tacussel, Doublet, Charvet et Lombail. Mais il est permis de croire que, s'adressant au vieux jacobin du journal *le Réveil*, il ne convenait pas au Préfet de la Défense nationale d'admettre qu'il avait contre lui le jacobinisme lyonnais ; il préférait rejeter la responsabilité d'une situation humiliante sur ces collectivistes nouveau-venus dans le parti de la Révolution, sur cette *Internationale* suspecte, dont Delescluze n'avait pas encore accepté l'alliance.

Challemel dénaturait aussi la signification du drapeau rouge, qui était le symbole de la Commune et de la révolution sociale bien plus que le signe des revendications internationalistes.

Challemel eût été bien coupable si, n'ayant eu, suivant son expression, « qu'à lever le doigt pour que disparût la bande qui s'était emparée

1. Beauvoir avait obtenu du Comité l'autorisation de prendre au greffe du tribunal le dossier des poursuites commencées contre les membres de l'Internationale. Le greffier, s'inclinant devant l'autorité du Comité de Salut public, avait livré ce dossier à Beauvoir sur son récépissé.

de la préfecture », il s'était abstenu de ce geste
facile.

Mais la vérité, pénible à avouer, c'est que,
n'ayant pas la force, il ne pouvait songer à un
coup de force ; et que, pour « balayer sans barguigner », il fallait attendre d'avoir le manche
de son côté. Ne l'ayant pas, il s'attacha à une
politique de temporisation qui ne pouvait satis-
faire ni les appétits des violents, ni les impatiences des gens paisibles.

Pour obtenir l'abdication du Comité de Salut
public et l'élection d'un Conseil municipal,
Challemel-Lacour dut ménager le vent contraire, louvoyer avec une habileté à laquelle il
faut rendre justice, et se créer d'abord un parti
à l'hôtel de ville.

A cet effet, il avait proposé et obtenu, en
dépit d'une vive opposition, que le Comité lui
désignât une sorte de Conseil de préfecture
choisi en majorité parmi ses membres[1]. Conférant chaque matin dans son cabinet avec

1. Ce Conseil, ou « Comité de préfecture », se composa de
MM. Baudy, Emile Bonnardel, Chepié, Durand, Josserand, Maynard, Michaud, Reynier.

ses nouveaux conseillers, leur communiquant ses dépêches, écoutant leurs avis sans jamais témoigner d'impatience, les retenant à sa table, flattant leur vanité, caressant leurs ambitions, exerçant sur eux l'ascendant d'un esprit supérieur, il avait peu à peu fortifié son autorité en désagrégeant le bloc du pouvoir rival, si bien qu'il ne rencontra qu'une résistance facilement abattue quand il convoqua les électeurs pour le 15 septembre.

Membre du Conseil préfectoral en même temps que président du Comité de Salut public, Chepié se fit l'avocat de Challemel auprès du Comité ; il apaisa les colères de ses collègues en leur donnant l'assurance que « le préfet déclarait que les élections seraient faites dans le sens révolutionnaire, en dehors de toutes les lois antérieures ».

Le préfet ne protesta pas, et son silence, sans rien engager, laissa croire, qu'en effet, les électeurs lyonnais étaient appelés à nommer une Commune autonome.

L'arrêté de convocation des électeurs flattait

le vieil instinct d'indépendance des Lyonnais, visait l'adhésion du « Comité préfectoral », rendait au Comité de Salut public un hommage plus habile que sincère.

Ce morceau de diplomatie administrative mérite d'être reproduit :

Le préfet du Rhône,

Le Comité préfectoral entendu,

Considérant que la commune de Lyon, trop long-temps privée de ses franchises municipales, est impatiente d'exercer ses droits électoraux ;

Considérant que les circonstances présentes exigent une organisation prompte et énergique de l'autorité locale ;

Considérant que le Comité qui a été constitué le 4 septembre à l'hôtel de ville, et dont le patriotisme, au milieu de difficultés si grandes, s'est montré à la hauteur de la situation, ne prétend point remplacer une autorité issue du suffrage universel régulièrement consulté,

ARRÊTE :

ARTICLE PREMIER. — Les élections pour la nomination d'un Conseil municipal à Lyon auront lieu le jeudi 15 septembre.

Art. 2. — Le nombre des conseillers municipaux est fixé à cinquante-deux, parmi lesquels seront choisis le maire de Lyon et ses adjoints [1], ainsi que les officiers d'état civil et leurs adjoints pour les six arrondissements de Lyon, etc...

Signé : Le préfet,

CHALLEMEL-LACOUR.

Avant de se retirer, le Comité fit afficher cette proclamation due à la collaboration des citoyens Garel et Chapitel :

RÉPUBLIQUE FRANÇAISE

COMMUNE DE LYON

CITOYENS,

Nous allons remettre au Suffrage Universel le mandat révolutionnaire que nous tenons de votre acclamation. Nous croyons avoir fait notre devoir. Premiers à la tâche, à cette rude tâche de remédier au passé et d'affirmer l'avenir, nous n'avons pu en accomplir

---

1. Le Comité de Salut public, lui aussi, avait choisi parmi ses membres et délégué aux mairies des divers arrondissements, des officiers de l'état civil qui avaient cru unir en justes noces de nombreux Lyonnais et autant de Lyonnaises. Or il se trouva qu'aux yeux de la loi ces mariages étaient nuls. Il fallut que l'Assemblée nationale, en dépit des principes juridiques, votât plus tard une loi rétroactive, pour valider toutes ces unions et en légitimer les suites.

qu'une partie ; que ceux qui nous suivront la continuent ;
que la Révolution désormais indiscutable, inaliénable,
l'achève !

Nous sommes prêts à rendre compte de nos actes :
nous n'avons pas menti aux devoirs et aux droits que le
Peuple nous a confiés. Les mandataires des élections prochaines trouveront devant eux, sûre et
libre, la voie ouverte par la Révolution du 4 Septembre.

La défense nationale s'organise. Les négations et les
refus de l'ancien pouvoir, traître à la patrie, sont dé-
mentis et domptés. L'œuvre se complétera.

Nous ne pouvons douter que le souffle patriotique
qui anime le peuple, qui anima le Comité de Salut public, n'anime de même les nouveaux élus. Qu'ils se
souviennent que la population lyonnaise a jeté son défi
aux hordes insolentes du Nord, que les ennemis, pren-
draient-ils Paris, qu'ils ne prendront pas, n'auraient
pas par ce seul fait pris la France, se heurtant à la
province armée et énergique, et que l'ancien drapeau
national vaincu, ils verraient encore debout le drapeau
de la Commune et de la Fédération.

Les jours de désastres sont passés, les heures
sombres ne comptent plus que dans le souvenir de l'histoire qui juge ; la paix reconquise doit nous trouver mûrs
pour l'œuvre révolutionnaire qui est de tous les jours,
de toutes les heures. C'est la tâche éternelle que nous
n'avions pas oubliée, malgré les brusques exigences du
présent.

La société était en danger comme la patrie. Sauvons la patrie, mais sauvons aussi la société qui marchait à l'abîme.

Ne retombons pas dans les mêmes errements d'état, d'église, de police, d'administration, qui nous ont assez compromis et dont l'épreuve est faite. Luttons contre la sanglante barbarie armée et contre une prétendue civilisation sans justice.

Citoyens,

Deux lois seules survivent : le dévouement à la Patrie et le Suffrage Universel.

Au combat et au vote ! Et que l'un et l'autre affirment la France et la Révolution !

> (Suivent les signatures de tous les membres du Comité, sans en excepter ceux qui ont voté contre cette proclamation, ni ceux dont l'absence est contsatée au procès-verbal.)

C'était le testament politique du Comité de Salut public. Il y léguait au futur Conseil municipal le soin de continuer son œuvre.

La phrase sur « l'ancien drapeau national vaincu », remplacé par le drapeau rouge, suffirait à démontrer que le procureur de la République n'avait pas signé pareil manifeste et que, si son nom figurait au bas de ce document parmi ceux de tous les autres membres du Comité, sans exception, c'est parce que le président, se croyant suffisamment autorisé par le vote de la majorité, avait coutume de disposer des noms de ses collègues de la minorité, sans se soucier de leur consentement [1].

Le 16 septembre, les élus de la veille firent leur entrée à l'hôtel de ville et interrompirent brusquement la dernière séance du Comité de Salut public.

Les nouveaux conseillers, soit qu'ils eussent fait partie du Comité, soit qu'ils fussent nouvenus à l'hôtel de ville, arrivaient en majorité avec la prétention de n'être pas soumis aux lois de l'Empire, tombées, disaient-ils, avec le régime déchu. Dès leur première séance, par une acceptation pure et simple de la succession de

---

1. Le 29 mai 1872, Varambon, alors procureur général à Besançon, m'écrivait, à l'occasion d'un procès en diffamation : « ... Je vous remercie d'avoir rétabli, pour moi en même temps que pour vous, la vérité relativement à la délibération du Comité sur le drapeau de la Commune ; délibération que nous n'avons signée ni l'un ni l'autre, que je pouvais d'autant moins signer qu'à ce moment j'étais retenu au lit malade après la mort de mon père. »

leurs prédécesseurs, ils votèrent une résolution aux termes de laquelle « les actes du Comité de Salut public auraient force de loi pour la Commune de Lyon et seraient exécutés sans être jamais discutés ».

Sous peine de perdre le peu d'influence qu'il avait péniblement conquise, le préfet fut contraint de faire à cet état d'esprit de regrettables concessions, parmi lesquelles la plus apparente, si non la plus redoutable, fut celle du drapeau rouge. Néanmoins, le pouvoir dictatorial de la Commune avait pris fin avec l'Assemblée révolutionnaire ; l'effet des lois se faisait sentir à ceux mêmes qui en niaient l'autorité, et ce n'est pas du Conseil municipal élu le 15 septembre, que vinrent les principales difficultés contre lesquelles, durant de longs mois, les fonctionnaires du Gouvernement de la Défense nationale eurent encore à soutenir une lutte de tous les instants.

CHAPITRE XII

Sous la présidence du citoyen Comte, navetier,
dans une salle mise à sa disposition par la municipalité, un « Comité central fédératif » s'installa au palais Saint-Pierre, côte à côte avec la
faculté des lettres et les musées, à deux pas de
l'hôtel de ville. Les plus mauvais éléments du
Comité de Salut public, évincés par les élections
municipales, s'y étaient réfugiés. Ce Comité
représentait la fraction ultra-jacobine de la démocratie lyonnaise ; je veux dire celle qui, plus
avide d'autorité que de réformes, préoccupée de
donner à la République un air farouche et menaçant, prenait pour modèles les jacobins de
1793, professait leurs principes, affectait leurs
allures, plagiait leur langage.

Le citoyen Comte et ses amis s'étaient donné

la mission de « défendre la Révolution et de maintenir l'esprit populaire à la hauteur des circonstances ». Ils donnaient des ordres aux ouvriers des chantiers ; ils adressaient des avis au Conseil municipal, des manifestes à la population. Deux fois par semaine, ils tenaient des séances publiques.

C'est ce Comité qui, le lendemain de la réunion de la salle Valentino, par une invitation d'apparence courtoise, attira le procureur de la République dans un guet-apens, l'insulta, le déclara coupable de trahison pour avoir mis en liberté les détenus politiques, et prononça contre lui je ne sais quelles condamnations, pour l'exécution desquelles il ne se rencontra pas de bourreau.

D'autre part, à l'instigation du russe Bakounine, arrivé à Lyon le 18 septembre avec le dessein d'y fomenter un mouvement communiste, un *Comité central du Salut de la France*, dont le titre patriotique dissimulait des menées internationalistes, tint ses séances d'abord dans un atelier de la Guillotière, puis dans la salle de la Rotonde. Il avait à sa tête les principaux chefs de l'Internationale, parmi lesquels Albert Richard, et organisa des Sous-Comités à Saint-Étienne et dans d'autres centres ouvriers.

Le Comité central fédératif et le Comité du Salut de la France, bien que suspects l'un à l'autre et rivaux d'influence, finirent par se rapprocher et s'entendre pour chasser de l'hôtel de ville « la Réaction », qui relevait la tête en la personne de Challemel-Lacour.

Il fallait recommencer le 4 septembre, dissoudre le Conseil municipal, supprimer le préfet et proclamer la Commune indépendante dans la République fédérale.

Les circonstances paraissaient favorables à un mouvement insurrectionnel. Les rues de Lyon étaient encombrées de francs-tireurs aux uniformes fantaisistes, mal nourris, mal payés, attendant le signal du départ, irrités de l'apparent dédain de l'autorité militaire qui ne pouvait ou ne voulait pas leur donner les armes promises[1].

1. « Lyon était le séjour de prédilection des corps-francs. Des côtes de la Manche, du fond de l'Egypte, ils accouraient à Lyon,

D'autre part, des chantiers nationaux avaient été ouverts pour les ouvriers sans travail. Là, moyennant un salaire insuffisant pour ceux qui en vivaient, quoiqu'onéreux pour la ville, plus de dix mille hommes, mal préparés au métier de terrassiers, travaillaient aux fortifications. De même que les volontaires des corps-francs, les ouvriers des chantiers étaient facilement accessibles aux pires suggestions.

A cette armée de mécontents, il manquait un chef militaire. On renouvela l'appel que le Comité de Salut public avait déjà fait à Cluseret, désigné par ses relations d'amitié avec les principaux chefs de l'Internationale, autant que par le prestige du titre de général qu'il avait conquis en Amérique, pendant la guerre de sécession, au service des États du Nord. Nous l'avons connu plus tard à la Chambre des députés, vieilli et fatigué : mais alors sa mâle figure bronzée, sa

où ils trouvaient des magasins qui se garnissaient pour eux, une municipalité qui les assimilait à l'armée française, et le voisinage du quartier général de Garibaldi. » (Rapport du comte de Ségur à l'Assemblée nationale.)

taille haute et droite, son allure martiale, sa parole véhémente semblaient devoir lui assurer l'autorité d'un chef et l'ascendant d'un tribun.

Sans emploi à Paris, où ses mérites étaient méconnus, son ambition suspectée, Cluseret répondit à l'appel des Comités lyonnais; les chefs du mouvement fédéraliste l'accueillirent avec transport, le produisirent dans les réunions publiques, lui donnèrent l'occasion de faciles triomphes oratoires au club de la Rotonde, et l'y firent nommer par acclamation « commandant des forces révolutionnaires du département du Rhône ».

Le 28 septembre à midi, amenée par les chefs des deux Comités, une foule, à laquelle on avait promis des salaires plus élevés, débouchait sur la place des Terreaux, sans bien savoir ce qu'elle venait y faire. C'était la manifestation de la misère, sans cris, sans armes, sans allures menaçantes.

Mais ceux qui la conduisaient, se disant délégués du peuple, pénétrèrent dans l'hôtel de ville. A côté de Cluseret, c'était le plâtrier Saigne, président ordinaire des réunions de la Rotonde, l'internationaliste marseillais Bastelica, Albert Richard et Gaspard Blanc, ces deux derniers accusés d'être les agents d'une intrigue bonapartiste[1] ; au milieu d'eux, se détachaient la haute et massive stature du nihiliste Bakounine, ses lourdes épaules, sa tête impassible, encadrée de cheveux longs et touffus, sa barbe embroussaillée. Puis venaient d'autres agitateurs moins connus, et parmi ceux-ci un M. de Boisluisant qui, lorsque je le fis arrêter, était porteur de cartes de visites, où son nom était suivi du titre peu compromettant de « Président du Club des Patineurs de Clermont-Ferrand ».

Il faut ici donner acte à Cluseret de sa protestation contre le rôle que l'opinion générale lui a attribué. Il a prétendu qu'il ne connaissait aucun des hommes du 28 septembre ; qu'il

---

1. Albert Richard et Gaspard Blanc ont publié plus tard, en collaboration, une brochure préconisant une entente du parti républicain avec le prince Napoléon.

ignorait leurs desseins; que le hasard seul le
mêla au mouvement. Perdu dans la foule où il
était en curieux, il aurait été reconnu et poussé
à l'hôtel de ville, où il n'aurait pris la parole
que pour demander le maintien du Conseil
municipal.

A l'instar de ceux qui s'étaient emparés de
l'hôtel de ville le 4 septembre, les envahisseurs
du 28 montèrent d'abord au balcon, et, sous le
regard souriant d'Henri IV en bas-relief, l'un
d'eux, le plâtrier Saigne, homme hirsute et
trappu, verbeux et incohérent, harangua le
peuple en un interminable discours, dont la
foule ne saisissait que les gestes, et qu'elle applaudissait sans l'entendre. Les auditeurs les
mieux placés comprirent que l'orateur demandait la dissolution du Conseil municipal, l'arrestation du général Mazure commandant l'armée de Lyon et son remplacement par le
général Cluseret.

Les chefs de la sédition s'installèrent dans la
salle des séances du Conseil municipal, procé-
dèrent à la nomination d'un nouveau Gouver-

nement, prononcèrent la dissolution du Conseil récemment élu, révoquèrent le préfet et les principaux fonctionnaires, sans oublier le procureur de la République, ordonnèrent des réquisitions [1], signèrent des ordres d'arrestations, votèrent « la suspension du payement des impôts et des dettes hypothécaires ».

Pendant ce temps, Challemel-Lacour était enfermé dans son cabinet de travail; des francs-tireurs (dont un nègre), se qualifiant « volontaires de Cluseret », avaient été placés à sa

---

1. Voici l'une de ces réquisitions :

RÉPUBLIQUE FRANÇAISE

COMITÉ PROVISOIRE
DU SALUT DE LA FRANCE
POUR LA RÉGION LYONNAISE.

Ordre est donné au citoyen Vernis de se procurer chez les fournisseurs les vivres nécessaires pour alimenter les hommes qui sont sous ses ordres.

Les comptes seront présentés par les fournisseurs au Comité du salut de la France.

Lyon, le 28 septembre 1870.

J. BISCHOF.   Albert RICHARD.
BLANC.   P. VERNIS.

Le capitaine de la légion,   *Le sous-lieutenant,*
Emile BIRTS.   POINCET.

L'adjudant,
B. BRUIS.

porte et le tenaient prisonnier. Ils me laissèrent arriver jusqu'à lui, mais ne me permirent plus de sortir, et je dus rester plusieurs heures enfermé avec le préfet, auprès de qui se trouvait déjà le procureur général. J'employai ce temps à rédiger des mandats d'arrêt contre les gens dont nous étions les prisonniers[1].

Par une singulière rencontre, je signais un mandat contre Cluseret, quand il entra dans le cabinet du préfet, accompagné d'un capitaine de la garde nationale. Il se disait animé d'intentions conciliantes et venait offrir sa médiation. Challemel le repoussa avec hauteur :

— Je ne vous connais pas, Monsieur, lui dit-il, et n'ai pas de propositions à recevoir de vous.

Challemel-Lacour avait de grandes qualités d'intelligence et de caractère; il était courageux ; on le disait énergique ; mais son énergie, ce jour-là, me parut tourner en énervement ; le sang-froid l'abandonnait ; l'injustice

_____

1. Avec nous se trouvait aussi retenu M. Flotard, qui fut depuis député du Rhône à l'Assemblée nationale.

de la populace l'exaspérait ; il avait hâte de sortir de cette atmosphère de haine et de sottises où étouffait sa délicatesse de philosophe et de lettré ; il parlait de donner sa démission en face de l'émeute.

Tandis que le préfet était prisonnier de l'insurrection, celle-ci subissait des fortunes diverses. Ses principaux chefs, successivement arrêtés par les officiers de la garde nationale et remis en liberté par la foule, commençaient à comprendre que le succès de la journée était compromis et redoutaient les suites de leur équipée. L'opinion publique, celle surtout des quartiers voisins de l'hôtel de ville, se montrait opposée à la tentative des fédéralistes ; on battait le rappel de la garde nationale ; les bataillons arrivaient tour à tour, ceux des quartiers du centre hostiles à l'insurrection, ceux des faubourgs indécis, mais heureusement influencés par l'attitude de M. Hénon, maire de Lyon, qui montra ce jour-là, comme pendant toute la durée de sa magistrature, beaucoup de sang-froid et de courage.

Il était cinq heures du soir ; la cohue des manifestants perdait patience et se dispersait lentement. Déçus par l'attitude de la garde nationale, dont ils avaient témérairement escompté la complicité, et surtout par les cris inattendus de « Vive le Conseil municipal ! Vive le préfet ! » poussés par les bataillons de la Croix-Rousse en réponse aux exhortations du maire, les chefs du mouvement s'esquivaient tour à tour, suivant l'exemple de Bakounine, qui s'était enfui l'un des premiers, après avoir été arrêté et avoir subi deux heures de détention.

Les « Volontaires de Cluseret », eux aussi, avaient disparu à la suite de leur chef ; le préfet, retrouvant sa liberté, en profitait pour donner à la journée du 28 septembre une conclusion imprévue.

Impatient des résistances que l'autorité militaire opposait à ses projets, gêné par les entraves d'une législation faite pour des temps normaux ; convaincu qu'un pouvoir dictatorial pouvait seul avoir raison des difficultés au milieu desquelles il se débattait, Challemel-Lacour avait demandé au Gouvernement de Tours de prononcer à son profit le *caveat Consul*, et le Conseil municipal s'était joint à ses instances.

Le 27 septembre était arrivé le décret qui lui confiait « les pleins pouvoirs civils et militaires ».

Accompagné du maire, des conseillers municipaux et des officiers d'état-major de la garde nationale, Challemel-Lacour descendit sur la place des Terreaux et y fit lire solennellement le texte de son décret.

Cette lecture fut accueillie par les acclamations des gardes nationaux, auxquelles se mêlaient les cris enthousiastes de la foule, et Challemel-Lacour, à peine échappé aux menaces et aux outrages de l'émeute, connaissait pour la première fois à Lyon les joies éphémères de la popularité.

CHAPITRE XIII

CEDANT ARMA TOGÆ
ARRESTATION DU GÉNÉRAL MAZURE

Par quel singulier retour l'omnipotence accordée à un préfet jusqu'alors tenu en méfiance avait-elle pu le transformer en idole d'une foule délirante ? C'est dans les tendances communalistes, je dirai presque particularistes, de la démocratie lyonnaise qu'il faut chercher l'explication de cette énigme.

Cette démocratie, qui avait cru pouvoir faire la révolution sociale par la dictature de son Comité de Salut public, s'était heurtée à la barrière des lois, à la résistance du pouvoir central et de ses fonctionnaires. Et voilà que par décret Challemel-Lacour allait avoir cette toute-puissance qui avait manqué au Comité de Salut public ; contre sa volonté, nul désormais ne serait admis à invoquer les lois de l'Empire ; il allait tenir dans sa main l'autorité militaire comme l'autorité civile ; la confusion des pouvoirs était le dernier mot de la liberté rêvée, et personne, parmi les révolutionnaires qui l'acclamaient le soir du 28 septembre, ne doutait que le commissaire extraordinaire de la République ne dût être aux mains de la démocratie locale l'instrument victorieux de son indépendance et de ses aspirations réformatrices.

Le premier usage que Challemel-Lacour fit de ses nouveaux pouvoirs sembla donner raison à l'interprétation de l'opinion populaire.

Challemel avait obtenu le déplacement du général Espivent de la Villeboisnet, que le peuple considérait comme un ennemi de la République. Le Gouvernement de Tours l'avait remplacé, le 12 septembre, par le général Mazure. Ancien officier d'artillerie, sorti des cadres de réserve, le général Mazure justifiait la confiance du Gouvernement par l'élévation de ses sentiments, la culture de son intelligence, sa bravoure et la haute honorabilité de son caractère. Mais l'opinion lyonnaise lui reprochait son attachement aux traditions de l'armée, — on dirait aujourd'hui *son militarisme*, — son manque d'initiative, son inaptitude aux réformes. L'armée allemande marchait sur Dijon ; Lyon était menacé ; l'irritation grandissait contre l'inertie du commandement militaire ; elle gagnait tous les partis, et les clubs, exploitant l'énervement causé par l'approche de l'ennemi, lançaient des accusations de trahison facilement écoutées.

Un conflit éclata entre le Conseil municipal et le général Mazure, à propos d'une distribution de cartouches au 2e bataillon de la garde nationale réputé conservateur. Les révolutionnaires avaient des cartouches ; ils s'en servaient pour défendre et au besoin pour attaquer le Gouvernement : c'était dans l'ordre. Mais donner des munitions aux modérés, c'était, paraît-il, les inciter à tirer sur le peuple. On comptait sur eux les jours d'émeute ; mais leur action devait se borner à de pacifiques démonstrations avec des fusils inoffensifs.

Le Conseil municipal envoya au général la

dépêche suivante : « Citoyen général, l'opinion publique exige impérieusement votre démission ; nous vous la demandons au nom du salut public et de l'ordre menacé. Nous comptons sur votre patriotisme pour accepter cette mesure nécessaire, afin d'éviter un conflit déplorable. »

En même temps, le Conseil télégraphiait au Gouvernement de Tours pour demander le changement du général. Le télégramme finissait en ces termes comminatoires : « Sinon, comme nous sommes responsables du sang de nos concitoyens, nous ferons nous-mêmes ce changement. »

Le préfet se rangea du côté de la municipalité ; il notifia au général Mazure le décret relatif aux pleins pouvoirs et lui demanda sa démission.

Le décret émanait des représentants de la politique dans la Délégation de Tours, MM. Crémieux et Glais-Bizoin. Le général répondit par la production d'une dépêche datée du même jour, signée par le Ministre de la Guerre, l'amiral Fourichon qui, au nom du même Gouvernement,

« maintenait intacts les attributions et les droits de l'autorité militaire ».

Le préfet et le général se mirent d'accord pour télégraphier à Tours et demander une solution à leurs ministres respectifs ; les réponses divergentes laissèrent subsister le conflit, dont l'acuité s'aggravait d'heure en heure, en même temps que l'exaspération de l'esprit populaire.

Un dernier malentendu, une dépêche égarée ou tardivement reçue détermina l'explosion. Challemel-Lacour, comme s'il se fût mis à la remorque de Saigne le plâtrier, ordonna l'arrestation du général Mazure et porta sa décision à la connaissance du public par une affiche, où on lisait : « Je ne pouvais laisser fléchir l'autorité que je tiens du seul pouvoir régulier et légitime qui soit reconnu par la nation. J'ai donc ordonné à la garde nationale de s'assurer de la personne d'un chef rebelle à la République.

« Je fais appel au patriotisme de l'armée ; qu'elle aide la garde nationale à faire respecter la loi, mais aussi qu'elle respecte la discipline. »

Par quelle étrange contradiction le Préfet

pouvait-il parler de discipline, au moment où il invitait l'armée à se prêter à l'arrestation de son chef ?

L'ordre d'arrestation avait été publié le 1er octobre, à quatre heures du soir; il fut exécuté entre dix et onze heures par des compagnies empruntées à chaque bataillon de la garde nationale, comme pour associer à la responsabilité du préfet la garde nationale tout entière.

Arrêté à la caserne Bissuel, où sa présence fut dénoncée par les soldats au milieu desquels il s'était réfugié, le général monta sans résistance dans une voiture découverte, et il fut conduit à l'hôtel de ville au milieu d'une foule qui poussait des huées et des cris de mort, et hurlait la *Marseillaise*, non pas le chant national et solennel que les fonctionnaires écoutent debout et découverts, mais la *Marseillaise* des mauvais jours, écumante de rage et de sang impur. De chaque côté de la voiture couraient des porteurs de torches, qui éclairaient cette scène lugubre.

Quand le général entra à l'hôtel de ville, on n'eut que le temps de fermer derrière lui les grilles, pour en interdir l'accès aux misérables qui voulaient massacrer ce vieillard.

Challemel-Lacour se précipita à sa rencontre et l'entoura de ses bras, sans cacher son émotion, comprenant un peu tard le danger auquel il l'avait exposé.

Je n'ai pas assisté à cette dramatique arrestation, ni au périlleux exode du général jusqu'à la place de la Comédie. J'en parle d'après les récits dont j'ai conservé l'angoissant souvenir. Les manifestations hostiles se prolongèrent jusqu'à une heure avancée de la nuit autour de l'hôtel de ville. La foule, soupçonnant qu'on avait relâché le général, exigeait qu'on le lui montrât. Les rassemblements ne se dissipèrent que vers les trois heures du matin.

Le Préfet a rendu compte à son Gouvernement de cette journée du 1ᵉʳ octobre dans une dépêche qui mérite de n'être pas oubliée :

Préfet Lyon à Tours

2 octobre 1870.

Le général Mazure ayant refusé deux fois de donner sa démission, puis d'accepter sa révocation, ce refus s'est répandu. A deux heures, une vive agitation a éclaté dans plusieurs quartiers, surtout populeux. Ne pouvant empêcher le mouvement, j'ai dû m'en emparer pour le diriger. J'ai ordonné l'arrestation. Le général est arrivé le soir, entouré par la foule, au milieu des cris. Elle voulait qu'il fût promené de rang en rang, j'ai résisté, non sans péril; j'ai vaincu...

Malgré les ordres répétés du Gouvernement pour qu'il fût mis en liberté, l'inqualifiable détention du Commandant de l'armée de Lyon se prolongea jusqu'au 14 octobre. Du 1er au 4, il fut enfermé dans une chambre de l'hôtel de ville; il fut ensuite détenu dans une cellule de la prison Saint-Joseph.

C'est de là que le général Mazure adressa à Challemel-Lacour cette lettre de protestation :

Lyon, 11 octobre 1870.

Monsieur le Préfet,

Voilà dix jours que dure ma détention préventive, et j'ignore encore de quel crime ou délit je suis accusé et si une instruction se poursuit contre moi.

Vous avez pu, en vertu des pouvoirs extraordinaires dont vous êtes revêtu et par mesure d'ordre public faire procéder à mon arrestation. Je laisse de côté la forme dans laquelle elle a eu lieu et les mesures que vous avez négligées pour me soustraire aux insultes et aux manifestations sanguinaires dont j'ai été l'objet ; mais je ne pense pas que vos pouvoirs puissent s'étendre jusqu'à arrêter le cours de la justice, non plus qu'à modifier les compétences. Si, au lendemain de mon arrestation, alors que m'affirmant que ma détention ne serait que momentanée, vous me le demandiez, pour ainsi dire, pour la forme, j'ai pu consentir à m'entretenir avec quelques délégués du Conseil municipal, il n'est jamais entré dans ma pensée de reconnaître la compétence de ce tribunal improvisé.

A ce moment, vous me disiez que, si la délibération du Conseil municipal n'était pas conforme à vos désirs, vous prendriez sur vous d'ordonner, dès le lendemain, et de votre propre autorité, mon élargissement.

Malheureusement, vous subissiez, dès l'origine, et vous subissez encore la pression de ce Conseil, dont il vous appartient cependant de diriger, de contrôler et d'annuler au besoin les délibérations, et vous n'avez pas osé me rendre la liberté.

Quoi qu'il en soit, vous n'ignorez pas, Monsieur le Préfet, que je suis militaire et qu'à ce titre je suis et ne puis être justiciable que des tribunaux militaires. Mais, ce que vous ignorez peut-être, c'est que, vu ma qualité de général de division : 1° au Ministre de la

Guerre seul appartient le droit de donner l'ordre d'informer contre moi (art. 99 du Code de Justice militaire); 2° qu'une fois l'instruction terminée par les soins du rapporteur près le Conseil de guerre et les pièces transmises au général commandant la division, celui-ci doit les adresser au Ministre de la Guerre auquel seul appartient aussi le droit de statuer sur la mise en jugement (art. 108 du même Code).

J'ajouterai que, d'après l'article 228, est puni de mort tout militaire qui prend un commandement sans ordre ou motif légitime, ou qui le retient contre l'ordre de ses chefs.

Vous reconnaîtrez, Monsieur le Préfet, que, lorsqu'un homme est sous le coup d'une pénalité si grave, il importe de lui donner des juges au plus tôt.

J'ai donc l'honneur de vous renouveler ma protestation, contre l'abus que vous faites de pleins pouvoirs qui ne vous ont pas été conférés sans doute pour supprimer le droit. Comme j'ai eu l'occasion de vous l'exprimer dans une première protestation, votre manière de procéder rappelle les plus mauvais jours du pouvoir absolu.

Je me réserve d'exercer contre vous toutes poursuites selon la loi et par toutes voies de droit.

En attendant, je demande des juges.

Recevez, etc.

Signé : MAZURE,
General de division.

Je me rendis chez le préfet ; je lui dis que je considérais comme un devoir d'appuyer auprès de lui la protestation du général. Challemel me répondit avec la raideur qui lui était coutumière vis-à-vis de quiconque contrariait ses vues : il n'admettait pas que le Parquet se permît de juger une mesure de haute police qu'il avait prise dans l'intérêt de la paix publique et en vertu de ses pleins pouvoirs.

J'en référai au Procureur général qui avait été saisi d'une plainte du Conseil municipal contre le général Mazure. Il fut convenu que, sans m'arrêter à la question de compétence, je requerrais d'un juge d'instruction une ordonnance de non-lieu. En cela peut-être le Parquet a-t-il paru outrepasser ses pouvoirs et confondre les juridictions? Mais il estimait qu'aucune considération n'était plus pressante que de hâter la mise en liberté du général.

Le 14 octobre, après en avoir reçu l'ordre formel de Gambetta, Challemel-Lacour rendait la liberté à son prisonnier et faisait connaître à ses administrés les motifs de sa décision par l'affiche suivante :

Le Préfet du Rhône à ses concitoyens

Vu diverses dépêches desquelles il résulte que le général Mazure n'a pas reçu en temps utile la notification de la concentration des pouvoirs entre les mains du préfet ;

Vu l'arrêt de non-lieu du 13 octobre rendu sur la plainte du Conseil municipal contre le général au sujet d'une distribution de cartouches faite sans ordres ;

Vu l'ordre signé GAMBETTA, en date du 13 octobre, par lequel le Ministre mande auprès de lui le général Mazure pour lui demander compte de ses actes ;

Considérant enfin que, si des malentendus regrettables ont jeté le trouble dans la ville, le public, qui ne demande que justice, apprendra avec plaisir que l'enquête n'a révélé à la charge du général aucune intention coupable ;

Le préfet du Rhône a l'honneur d'informer ses concitoyens qu'il a ordonné la mise en liberté du général Mazure et son départ immédiat pour Tours.

Lyon, 14 octobre 1870.

Signé : CHALLEMEL-LACOUR.

CHAPITRE XIV

LA BATAILLE DE NUITS
L'ASSASSINAT DU COMMANDANT ARNAUD

L'acte d'apparente vigueur par lequel Challemel-Lacour venait d'affirmer la suprématie de
son autorité n'était au fond qu'une capitulation.
S'il avait ordonné l'arrestation du général commandant l'armée de Lyon, au risque d'accroître
l'indiscipline des soldats, d'irriter les soupçons
et d'attiser les haines de la foule contre les
chefs de l'armée; s'il avait exposé un brave officier, un vieillard digne de sympathie et de respect aux plus coupables excès, c'est qu'il avait
craint de perdre l'utile prestige de la dictature,
c'est qu'il avait redouté l'agitation de la rue et
les mises en demeure du Conseil municipal.

La rue ne lui en sut pas gré, et, comme encouragée par ce succès dont elle s'attribuait la
meilleure part, elle se prépara à de nouveaux
désordres.

Le 19 décembre, on apprit à Lyon la bataille de Nuits, où deux légions du Rhône, organisées par les soins de Challemel-Lacour, s'étaient vaillamment battues, mais écrasées par des forces supérieures, avaient subi des pertes considérables.

Des rumeurs sinistres se répandaient dans la ville ; on prétendait que nos légions avaient été entièrement détruites ; on exagérait le nombre des morts.

Ces douloureuses nouvelles arrivaient à point pour favoriser, dans leur criminelle entreprise, les instigateurs d'un nouveau complot.

Le même jour, 19 décembre, une réunion a lieu à la Croix-Rousse, salle Valentino, où les orateurs les plus violents d'une basse démagogie, Bruyas, Chol, Denys Brack, Christophe Deloche font appel à l'émeute et nomment des délégués pour aller soulever les sections dans les divers quartiers de la ville.

Le lendemain mardi, nouvelle réunion dans la même salle, où la population se porte en foule. Bruyas préside. Les actes suivent de près les discours. Sur une table, près de la tribune, des cartouches sont disposées ; on les distribue aux hommes armés. Une délégation de quatre hommes et deux femmes est nommée pour faire battre la générale dans les rues de la Croix-Rousse ; une autre pour sonner le tocsin dans les églises du quartier (Saint-Denis, Saint-Augustin, Saint-Eucher). Deloche va chercher les ouvrières de la cartoucherie de Cuire ; elles font leur entrée en habits de deuil ; quelques-unes avec de longs voiles.

Avis est donné à la réunion que le commandant Chavant, du 10ᵉ bataillon (Croix-Rousse), est à la mairie. Une bande va le sommer de faire battre la générale. Chavant est un homme de cœur, il répond qu'il n'a pas d'ordres à recevoir de mauvais citoyens, insurgés contre le Gouvernement de la République ; la femme Brun se jette sur lui ; elle lui arrache son képi et le soufflette. Le commandant est emmené à Valentino, où le président Bruyas explique le but de la réunion qui est « de substituer un Gouvernement révolutionnaire à celui qui siège à l'hôtel de ville ». Chavant s'indigne et proteste énergiquement.

Vers midi, arrive sur la place le tisseur Arnaud, commandant du 12e bataillon (Croix-Rousse), républicain convaincu, excellent homme aimé et estimé de tous ses concitoyens. Il a appris l'arrestation de son collègue Chavant ; il veut le secourir. Lui aussi est sommé de faire battre la générale ; comme Chavant, il refuse ; il est hué aux abords de la salle ; une femme lui crache à la figure ; il est renversé, roulé par terre, au moment où il cherche à dégaîner son sabre. Il se relève et veut s'échapper ; il est poursuivi, assailli à coups de pieds, à coups de poings ; il est atteint de deux coups de baïonettes. Tout sanglant, il saisit son revolver, moins pour se défendre que pour intimider la meute qui le menace et appeler au secours.

Deux coups retentissent qui ne visaient, qui n'ont atteint personne.

— A mort ! crie la foule. Il a tiré sur le peuple !

Et lui, faisant face à ses agresseurs, les invective avec mépris.

— Tas de lâches ! Tas de traîtres ! Vous demandez une République et vous ne voulez que le pillage !

Désarmé par ses bourreaux, abandonné par ceux qui pouvaient lui porter secours, il est entraîné à la salle Valentino.

— Qu'on l'emmène à Valentino, vocifère près de lui un énergumène, et qu'il n'en sorte que pour être fusillé !

Qnand il entre dans la salle de réunion, la fureur de la foule éclate en injures et devient du délire. Le cordonnier Chol, ancien commissaire de police du 4 septembre, s'élance à la tribune et montrant, comme pièce à conviction, le revolver qui vient d'être enlevé au malheureux commandant : « Le lâche ! dit-il pour tout réquisitoire, il a tiré sur le peuple! »

Un autre brandit le sabre d'Arnaud. Le commandant demande en vain la parole ; la justice révolutionnaire ne s'embarrasse pas des formalités de la défense : elle frappe ; elle n'écoute pas.

— A mort ! A mort ! crie la foule.

Le verdict était rendu. On condamnait alors comme on élisait, par acclamation.

Arnaud est traîné hors de la salle. Un cortège se forme qui se dirige vers la place d'armes et le clos Jouve. La marche est ouverte par cinq gardes nationaux ; derrière eux une troupe de femmes porte des drapeaux, les uns rouges, les autres noirs. Un peloton de quarante hommes entoure la victime. A leur tête s'agite un individu qu'on remarque pour ses guêtres blanches et son chapeau à larges ailes : c'est ce même Deloche qui est allé chercher les ouvrières à la cartoucherie.

Il tient le commandant par le collet de son uniforme et le pousse vers le lieu de son martyre par la pente du boulevard de la Croix-Rousse.

Le cortège continue sa marche au milieu d'une foule énorme qui crie : « Fusillez-le ! »

Arnaud est père de famille : sans doute, à cette heure désespérée, il songe à ceux qu'il aime, et qui ont besoin de son soutien ; ce n'est pas sur lui-même que son cœur viril s'apitoie ; c'est sur sa pauvre femme, sur ses malheureux enfants.

Mais voilà qu'un hasard heureux le rattache à l'espoir de vivre : à quelques pas il vient d'apercevoir en armes la compagnie qu'il a commandée comme capitaine avant d'être élu chef de bataillon. D'un regard, il reconnait des camarades, des membres de ce *cercle de la Ruche* où, durant de longues veillées, sous l'Empire, on buvait ensemble « à la République ! »

— A moi mes amis ! crie-t-il. A moi !

— A mort ! A mort ! répond la foule.

Et pas un homme de la compagnie ne répond à son appel ; pas un ne se détache du rang.

Plus loin c'est le poste de la mairie :

— A moi, la garde nationale ! A moi ! crie une dernière fois Arnaud.

Le tambour bat aux champs ; les hommes du poste sortis en armes rendent les honneurs militaires « à la justice du peuple! »

On est arrivé au clos Jouve. L'homme aux guêtres blanches commande ; il fait placer Arnaud à quelques pas du mur. Quinze hommes se détachent du peloton et se mettent en face de lui; les autres s'alignent à droite et à gauche pour contenir la foule.

Alors Arnaud, voyant que tout espoir est perdu, n'a plus qu'un souci : mourir en soldat et en républicain.

Il jette au loin son képi; il ouvre sa tunique, découvre sa poitrine, et, le visage tourné vers ses assassins, mêlant, dans une dernière pensée, au culte de la République, le souvenir du général populaire qui la défend, de tout ce qui lui reste de voix, il crie : « Vive la République ! Vive Garibaldi ! »

Ce fut le signal.

Les fusils s'abaissent ; un feu de peloton retentit. Arnaud tombe la face contre terre; mais il n'est pas mort ; son corps se débat et sursaute dans la poussière et dans le sang.

A ce moment, un enfant de quinze ans s'avance hors du peloton et réclame l'honneur de « donner le coup de grâce ». C'est le jeune Boyer, qui, entendant battre la générale, a pris le fusil de son père, près du métier à tisser, et s'est rendu à Valentino.

Deloche saisit l'arme de ce gamin : il la recharge et l'approche de la tempe d'Arnaud, la main du mourant, qui s'agite encore, écarte le canon ; Deloche ramène le fusil, vise lentement et, d'un dernier coup à bout portant, met fin à cette horrible agonie.

Surpris par le bruit lointain des détonations, j'accourus du palais de justice à l'hôtel de ville. Sur les marches du perron, je rencontrai M. Ganguet, conseiller municipal, ami du commandant Arnaud, qui, avec des larmes dans les yeux et des sanglots dans la voix, me raconta le drame qu'il venait d'apprendre.

Je signais aussitôt des ordres d'arrestation contre Deloche, Bruyas, Chol, Gros Denis dit Denys Brack, et contre tous ceux qui m'étaient signalés comme ayant pris part soit au crime même, soit aux désordres qui l'avaient précédé. Je confiai l'exécution de ces mandats à M. Goudchaud, colonel d'état-major de la garde nationale, car nous n'avions toujours pas de police régulière ; et je montai à la Croix-Rousse avec l'un de mes substituts, M. Durand, et M. Bonafos, juge d'instruction.

Je rencontrai, près de la gare du funiculaire, la 4ᵉ compagnie du 12ᵉ bataillon, l'ancienne compagnie d'Arnaud, à laquelle il avait en vain demandé secours. Ces hommes, l'arme au pied, sur deux rangs, restaient là comme pétrifiés. Lâchement, croyant peut-être au droit du peuple et à l'application de la loi martiale, ils avaient laissé assassiner leur ancien capitaine, leur camarade, leur ami. J'apostrophai vivement leur officier qui, dans l'alignement, le sabre au poing, ne trouvait pas une parole d'excuse ou de regret!

La foule était menaçante :

— Il n'a que ce qu'il mérite, disait un vieux canut, en mâchant sa pipe.

— Si on avait fait plus tôt des exemples, disait un autre, il n'y aurait pas tant de traîtres et de vendus.

Un peu plus loin, je rencontrai le pharmacien Francfort, et tandis que je recueillais son témoignage, près de son officine, nous vîmes passer l'affreux cortège qui revenait du clos Jouve, précédé par les mégères qui portaient les drapeaux noirs. Sur l'un de ces drapeaux, on lisait l'ironique devise : Liberté! Égalité! Fraternité! Parmi ces femmes qu'on eût dit échappées d'un roman de Zola, on me montra la citoyenne Burnier, qui, en 1848, dans une fête civique, avait figuré « la déesse de la liberté ».

Recouvert d'un voile, le corps d'Arnaud avait été transporté sur une civière à la mairie de la Croix-Rousse ; là eût lieu une scène déchirante. Prévenue par des voisins, ne pouvant croire à son malheur, Mme Arnaud était accourue ; quand ses mains tremblantes eurent soulevé le voile qui le cachait à sa vue, elle tomba évanouie sur le cadavre de son mari. On la porta à son domicile sans qu'elle eût repris connaissance.

Le jour même et les jours suivants, nous pûmes procéder à près de cinquante arrestations. L'instruction fut commencée par MM. Bonafos et Journel, juges d'instruction ; l'affaire fut ensuite déférée à la justice militaire en vertu de l'état de siège, en suite d'un rapport de M. le substitut Clappier.

Reprise par les juges militaires, l'instruction fut longue et minutieuse, et ne put aboutir qu'au mois de mars 1871.

Après un énergique réquisitoire du capitaine Barret, commissaire du Gouvernement, et par arrêt du deuxième Conseil de guerre de la 8e division militaire, en date du 21 mars 1871, Deloche (Christophe) fut condamné à mort ; il fut exécuté. D'autres détenus furent l'objet de condamnations diverses : aux travaux forcés, à la réclusion, à l'emprisonnement. Trois fugitifs, Ballas, Bouveret et Jas furent condamnés à mort par contumace ; trois autres, pour excitation à la guerre civile, à la peine politique de la déportation : c'étaient Bruyas, Chol et Denys Brack, contre lesquels on n'avait pu relever des charges suffisantes de crime de droit commun.

Vers la même date, la Cour d'assises du Rhône condamnait un autre Deloche, frère du précédent, qui avait tenté d'assassiner sa femme avec son fusil de garde national dans son atelier de tisseur.

Il serait injuste de confondre tous les Croix-

Roussiens dans la réprobation qu'excite l'assassinat du commandant Arnaud. Soit qu'ils fussent descendus en ville à l'heure où les chefs d'ateliers ont coutume de visiter les fabricants, soit qu'ils fussent retenus chez eux par les exigences de leur travail, la plupart des habitants du quartier ne connurent qu'après son accomplissement l'attentat dont les péripéties n'avaient pas duré trois quarts d'heure.

Le Conseil municipal s'inspira du sentiment public en prenant une délibération par laquelle il décidait que la ville de Lyon adoptait les trois enfants du commandant Arnaud; qu'elle leur allouait une pension, ainsi qu'à sa veuve; que les funérailles seraient faites aux frais de la ville; qu'un emplacement de terrain serait cédé gratuitement et à perpétuité à la famille.

Le 22 décembre, la population lyonnaise fit au commandant Arnaud de solennelles funérailles. Gambetta vint à Lyon, accompagné de Spuller, attester par sa présence les douloureuses sympathies du Gouvernement.

Lorsqu'il descendit les marches de l'hôtel de

ville, avec le préfet, le maire, le Conseil municipal, il fut chaleureusement acclamé. Inspirées
par des sentiments de patriotisme, ces acclamations s'adressaient à l'homme qui représentait
alors la défense nationale et la lutte à outrance.

Derrière Gambetta, le Conseil municipal, les
corps judiciaires et administratifs, le général
de la garde nationale et son état-major, les
délégations de tous les corps composant la garde-
nationale, les généraux et les officiers de l'armée
accompagnèrent, au milieu d'un concours immense de population, le cercueil couvert de
fleurs et de couronnes.

Aucun prêtre n'assistait à ces funérailles.

CHAPITRE XV

CHALLEMEL-LACOUR ET LA DÉFENSE NATIONALE
L'ŒUVRE MILITAIRE DU CONSEIL MUNICIPAL

L'horreur répandue dans la ville par l'assassinat d'Arnaud, l'arrestation des assassins, la solennité des funérailles, la venue de Gambetta avaient concouru à un mouvement de réaction favorable à l'autorité du Gouvernement et de ses représentants[1].

Challemel en profita pour consacrer ses efforts à l'œuvre d'organisation militaire et de défense nationale qui fut, durant son séjour à Lyon,

1. Par arrêté du 21 décembre, le préfet interdit les réunions publiques. « Attendu, dit-il, qu'il est impossible de tolérer des Assemblées factieuses où des malfaiteurs travaillent ouvertement à détruire le Gouvernement de la République ; — Attendu qu'en face de l'ennemi les bons citoyens doivent vaquer en paix à l'œuvre de la défense nationale et que cette œuvre ne saurait être entravée par des agitations coupables ; — Attendu qu'il faut arrêter au plus tôt des menées dans lesquelles il est facile de reconnaître la main des étrangers et des ennemis de la France ; — ARRÊTE : Les réunions publiques sont interdites jusqu'à nouvel ordre. »

avec le maintien de l'ordre, sa plus haute préoccupation.

Souvent il m'a répété : « Je suis ici pour maintenir l'ordre et armer la ville. Je veux empêcher la guerre civile, mettre Lyon en état de résister, et concourir de mon mieux à la défense nationale. »

Secondé par l'élan patriotique de la population lyonnaise, il contracta de nombreux marchés pour armer et équiper les troupes en formation à Lyon ou même les corps de passage, auxquels il ouvrit largement, trop largement peut-être, les magasins de l'État. Il créa ces vaillantes légions du Rhône, qui se sont battues comme de vieilles troupes à Nuits où la 1re légion perdit, avec le tiers de son effectif, son glorieux chef, le colonel Céler[1], et sous Bourbaki pendant la campagne de l'Est. On lui

1. Le colonel Céler est mort à Mâcon quelques jours après sa blessure. On a prétendu qu'il avait été tué par un de ses légionnaires : « Ce n'est pas une balle prussienne qui m'a frappé, » aurait-il dit lui-même avant de mourir. Mais ce douloureux soupçon, qui assombrit ses dernières heures, a été démenti par les constatations médicales (Voir le rapport du Dr A. Aubert, publié dans le *Courrier de Lyon* du 1er janvier 1871).

Des actes graves d'indiscipline s'étaient passés à Villefranche,

doit aussi ces légions d'Alsace-Lorraine, composées de onze mille Lorrains ou Alsaciens venus des départements envahis, un à un, en trompant la vigilance de l'ennemi, la nuit, par des chemins de traverse ; passant par la Suisse et se rendant à Lyon pour obéir au décret de mobilisation et donner à la patrie ce gage suprême de fidélité.

Moins heureuses que les légions du Rhône, celles d'Alsace-Lorraine ne furent pas prêtes à temps pour marcher à l'ennemi. La signature de l'armistice vint les surprendre avant que leur armement fût terminé ; mais tous les Lyonnais ont pu applaudir, avec un patriotique orgueil, leur belle tenue, leur martiale allure à la revue du 5 février, sur la place Bellecour.

Je ne puis laisser passer nos légions sans donner un souvenir à M. Bérenger qui, tandis

le lendemain du départ de la 1re légion. Les soldats Pierre Gasmann, Louis Bouveron, Joanny Millon, traduits devant la Cour martiale et déclarés coupables à l'unanimité d'insultes et de rébellion envers leurs supérieurs, furent passés par les armes en présence des troupes réunies à cet effet. L'opinion resta persuadée que la mort du colonel Céler devait être attribuée au ressentiment de ces rigueurs.

que tant d'autres cherchaient dans les fonctions publiques un refuge contre le devoir militaire, quitta sa robe de magistrat pour s'engager dans la 1re légion du Rhône, fut blessé à la bataille de Nuits, et modestement, sans grade ni galons, pendant cette dure campagne d'hiver, donna l'exemple du patriotisme et de l'honneur.

L'œuvre hâtive de Challemel-Lacour ne fut pas exempte de critiques méritées. L'insuffisance du drap qui habillait nos légions, et que huit jours de campagne mettaient en lambeaux, la qualité non moins défectueuse des souliers, l'imprudente décision qui abandonnait aux chefs de corps le droit de contracter des traités, la malheureuse concurrence et l'élévation des prix qui en résultait, des grades élevés trop facilement accordés, des révocations trop légèrement prononcées, et, dans un autre ordre d'idées, les réquisitions d'établissements religieux, transformés en casernes moins dans l'intérêt de la défense nationale que pour la satisfaction d'une démocratie hostile aux congrégations, lui ont été durement reprochés.

Mais en regard de ce passif que les circonstances atténuent si elles ne le justifient pas, il faut, pour arriver à une juste balance, porter à l'actif de Challemel-Lacour cinq légions du Rhône, trois légions d'Alsace-Lorraine, vingt-six mille hommes équipés, encadrés, instruits ; une bonne artillerie et de bons chevaux donnés à chacune de ces légions ; une école d'artillerie créée dans un moment où notre armée manquait surtout d'artilleurs, enfin Lyon transformé en un puissant arsenal au milieu d'un camp retranché.

De son côté le Conseil municipal, avec son Comité de défense présidé par mon ancien confrère Ferrouillat, plus tard sénateur du Var et Garde des Sceaux, faisait des achats d'armes et de munitions, créait des ateliers pour en fabriquer. Mais, plus encore que la préfecture, le Conseil municipal, par cela même qu'il émanait de l'élection, subissait la pression de l'opinion populaire qui exigeait des armes avec frénésie, donnait sa confiance aux inventions les plus bizarres et imposait à ses élus les engins de guerre les moins sérieux.

C'est ainsi que fut adopté et construit, malgré l'avis d'un éminent officier du génie, le général Serré de Rivière, mais sur la proposition du Comité municipal de défense, assisté d'un Comité scientifique, le *camp roulant* du général polonais Mierolawski. Ce héros de l'insurrection de 1863 nous apportait un système imaginé pour la guerre de partisans.

Un mémoire de l'inventeur résumait les avantages du « camp roulant » dont le système reposait principalement sur la résistance des matières matelassées et sur la propriété des plans inclinés de faire ricocher les projectiles.

On y voyait le sac-bouclier qui résiste aux balles, tient lieu de havresac et de giberne; la pelle-visière qui, portée en tête par le fantassin, concourt avec le tablier de toile de tente plié en douze, à le protéger par une armure impénétrable; la char-mantelet, ou pare-boulets qui fait ricocher les projectiles, et crée une zone de sécurité dans l'intérieur de laquelle on peut braver les feux de l'artillerie ; mais surtout les chars hussites, qui semblent empruntés aux Perses et aux Sarmates : « Ils forment, dit Mierolawski, un système de *fortifications véloces* ; ils sont impénétrables aux balles de fusil, inabordables à la cavalerie ; ils pénètrent à la course dans les masses ennemies et peuvent alors *se hérisser de lames tranchantes*, puis, au moyen d'un mouvement de rotation, balayer tout autour d'eux dans un rayon de soixante mètres ; par les temps calmes, ils permettent de passer de petits bras de mer. »

Mais qu'est-ce auprès de « la fusée-satan », capable de consumer une armée et dont le secret est offert à la ville de Lyon par son inventeur le citoyen Paul, courtier à Marseille, qui demande deux mille francs pour ses frais de voyage? Qu'est-ce encore auprès de tant d'autres appareils fusants ou détonants, où la dynamite, le chromate rouge de potasse, l'acide sulfurique, les bobines Ruhmkorff, séduisaient par leur aspect scientifique l'imagination populaire, et l'ignorance de nos conseillers municipaux, et relevaient les courages par l'illusion d'un art militaire nouveau ?

Après un tiers de siècle, nous ne voyons plus guère que le côté ridicule de tous ces engins. Mais, pour juger équitablement l'effort parfois affolé de ses représentants, il faut se reporter au milieu de cette population ardente, qui s'attendait aux souffrances d'un siège prochain ; dont le patriotisme n'était mêlé d'aucune forfanterie, et qui était sincèrement résolue à se défendre jusqu'à la dernière extrémité[1].

1. Dans son rapport à l'Assemblée nationale sur « les marchés conclus à Lyon », le comte Louis de Ségur a rendu au patriotisme des Lyonnais ce témoignage non suspect : « Le Rhône a été un des foyers les plus ardents de la défense. La population a montré un réel patriotisme. »

CHAPITRE XVI

UN AVENTURIER. — LE CORPS DES VENGEURS

Ici doit se placer un incident de la dictacture de Gambetta, où j'ai été mêlé contre mon gré, et qui, s'il trouve son explication dans le louable dessein de faire sortir de terre des légions, fait moins d'honneur à la pondération et à la prudence du grand improvisateur de la défense nationale.

Vers la fin d'octobre, ou dans les premiers jours de novembre, je reçus à mon parquet la visite d'un étranger, vêtu d'un costume de franc-tireur, se disant Polonais et se présentant sous le nom de Malicki.

Il me développa un plan fort audacieux de diversion contre l'armée allemande ; il s'exprimait fort bien en notre langue, il paraissait résolu autant qu'intelligent ; je pensais qu'il ne m'appartenait pas de « classer son projet sans suite », et à défaut d'une lettre de recommandation qu'il sollicitait de moi, je me bornai à lui donner un mot d'introduction, priant le Ministre de la Guerre d'examiner quel cas il convenait de faire de ses proposition.

On juge de mon étonnement quand je vis revenir cet inconnu deux semaines plus tard avec le grade de chef de bataillon, chargé de commander le « *Corps des Vengeurs* », et porteur d'un décret daté du 14 novembre ainsi conçu : « Le Ministre de la Guerre et de l'Intérieur ouvre à M. le préfet du Rhône, sur les fonds de l'Intérieur, un crédit de 300.000 francs. Le préfet délivrera les fonds demandés par le chef du Corps des Vengeurs sur ordonnances délivrées par M. Andrieux, procureur de la République à Lyon, assisté d'un Comité de notables citoyens de cette ville[1]. » Dans la fièvre de la lutte, Gambetta, pour former une armée, comme pour recruter son parti, acceptait tout ce qui s'offrait, sans faire le triage des scories.

1. J'étais d'ailleurs avisé de l'étrange mission qui m'était confiée, par une lettre signée : Jules Cazot, secrétaire général, délégué au département de l'Intérieur.

Mon premier mouvement, — je crois bien que c'était le bon, — fut de refuser le témoignage de confiance que me donnait le Ministre de la Guerre et dont j'étais surpris plus encore que flatté. Je m'en ouvris au préfet ; j'invoquai mes charges déjà très lourdes, l'administration de mon parquet, ma présence à l'audience et mes conclusions nécessaires dans les causes importantes, et surtout la responsabilité de veiller incessamment au maintien de l'ordre en l'absence d'une police régulière. Challemel insista ; il avait reçu l'avis que le Gouvernement voulait confier à Malicki une mission secrète, et s'en réservait la direction ; il m'assura que le général commandant la division avait une estime particulière pour les connaissances militaires dont avait fait preuve Malicki dans un récent entretien ; il me demanda de ne pas me soustraire à une tâche dont il considérait l'acceptation comme un devoir.

Il ne me restait qu'à former un Comité de bons citoyens, capables d'assister le commandant Malicki dans ses achats d'armes et d'équipements, et de contrôler sa gestion.

Je mis à leur tête M. Ganguet, conseiller municipal, un fort honnête homme, très patriote, qui avait acquis quelque expérience des questions d'intendance dans sa fonction de président du Comité de la Guerre[1].

Pour le procureur de la République, le côté séduisant du projet de Malicki, c'est qu'il avait promis d'enrôler sous une discipline sévère et de conduire bientôt à la frontière ces francs-tireurs errants, parmi lesquels beaucoup d'étrangers, venus d'Italie, d'Angleterre, de Grèce, d'Égypte, etc., dont l'oisiveté était une cause de scandale dans la ville et une perpétuelle menace pour l'ordre public.

Les lenteurs de son organisation ne tardèrent pas à ébranler la confiance qu'avait d'abord inspirée l'ascendant extraordinaire de cet aventurier sur les hommes de toute natio-

1. Déposition de Ganguet devant la Commission d'enquête : « Si nous nous chargions de tant de besogne, c'est triste à dire, mais c'est que nous n'avions que peu de monde à qui nous osions confier ces choses... Aujourd'hui on trouve beaucoup de gens qui veulent servir, mais alors on n'en trouvait pas. On s'entendait dire : « On va vous fusiller », comme on dit aujourd'hui : « Comment vous portez-vous ? »

nalité dont il prenait le commandement. Tant qu'il ne s'agit que d'acheter des uniformes, des bottes, des fusils, des revolvers, des mitrailleuses, des chevaux, des mulets, des drapeaux, des clairons, des tambours, en un mot de dépenser le montant du crédit ouvert par le décret du 14 novembre, Malicki fit preuve de beaucoup d'activité. Mais, quand il fallut marcher à l'ennemi, son ardeur se refroidit, et, pour le contraindre au départ, je dus le menacer de mesures de rigueur.

Il quitta Lyon, mais s'arrêta à Tarare, chef-lieu de canton dans le département du Rhône, et y établit son quartier général. Il s'y attarda sous divers prétextes; pour l'en déloger, il fallut de nouvelles menaces. Enfin il se dirigea vers la frontière de l'Est. Le 2 janvier, les « Vengeurs » eurent une rencontre à Abbevillers avec un corps prussien. Pendant toute la durée de l'engagement, Malicki se tint à distance; monté sur le toit d'une maison, il observa avec sa lunette les mouvements des combattants : quand sa troupe se débanda, écrasée par

des forces plus nombreuses et mieux préparées,
il ne chercha pas à rallier ses hommes; il s'en-
fuit en Suisse, sans oublier d'emporter avec lui
la caisse du Corps des Vengeurs et le reliquat
du crédit destiné au payement de la solde.

On n'a plus revu Malicki, et son nom n'a plus
été prononcé que devant le Conseil de Guerre
de la 9e division militaire, siégeant à Besançon,
qui l'a condamné par contumace à vingt ans de
travaux forcés pour désertion en présence de
l ennemi et vol de deniers appartenant à
l'État.

Là on a affirmé que son véritable nom était
Geleski et qu'il avait été condamné en Russie à
six ans de détention pour vol à l'Université de
Kiew. Je ne puis ni confirmer, ni démentir cette
imputation, dont je ne connais pas l'origine.

Dans son discours du 30 janvier 1873 à l'Assemblée nationale, Challemel-Lacour a dit comment Malicki avait capté la confiance du Gouvernement, celle du général Bressoles, la sienne
même, et il a ajouté : « Cet homme trompait tout
le monde; il avait l'air d'un soldat, c'était un

aventurier ; c'était un lâche ; c'était un traître[1]. »
Il serait injuste de confondre dans un même
mépris, avec leur chef, les officiers et les
hommes du Corps des Vengeurs. Ceux-ci, sous
le commandement du capitaine Darcy, souffrant
de la faim, le visage fouetté par un vent de
glace, enterrés dans la neige jusqu'aux genoux,
ont fait courageusement leur devoir.

1. « Le Ministre de la Guerre lui avait donné un chiffre et communiquait avec lui par dépêches secrètes. » (Rapport du comte L. de Ségur à l'Assemblée nationale.)

CHAPITRE XVII

Parmi les troupes qui séjournèrent à Lyon
ou dans la banlieue, il faut, à raison d'incidents qui émurent l'opinion, rappeler le bataillon des mobiles de la Gironde, commandé par
M. de Carayon-Latour.

Cantonné provisoirement à Vénissieux, dont
la municipalité, à l'exemple de celle de Lyon,
avait arboré le drapeau rouge, le commandant
de Carayon-Latour, dès son arrivée dans cette
commune, faisait abattre ce drapeau par ses
hommes sous les yeux du maire courroucé.

A ce crime de lèse-majesté, les Girondins
avaient-ils ajouté quelques menus faits de ma-
raude ou quelques excès de galanterie ? Carayon dit « non »; le maire de Vénissieux
dit « oui ». Toujours est-il que le premier ma-

gistrat de la commune adressa au préfet un rapport fulgurant, où il dépeignait le commandant Carayon et ses mobiles sous les traits d'aventuriers, vivant à Vénissieux comme en pays conquis, et ne respectant ni les femmes, ni les poulaillers, ni la République.

Challemel partagea l'indignation du maire, et transmit le rapport au général commandant la division, avec cette annotation tracée d'une plume irréfléchie : « Fusillez-moi tous ces gens-là ! »

Fort heureusement le général Bressoles connaissait l'humeur de Challemel pour l'avoir éprouvée lui-même; il ne prit pas au tragique son annotation. Les mobiles d'ailleurs partaient quelques jours après pour l'armée de l'Est, où ils se comportaient vaillamment.

Deux années s'étaient écoulées ; devenus collègues à l'Assemblée nationale, Challemel y représentait les Bouches-du-Rhône, et Carayon la Gironde.

Le 30 janvier 1873, Challemel-Lacour fit ses débuts à la tribune dans la discussion du rap-

port du comte Louis de Ségur sur les marchés
contractés à Lyon pendant la guerre. Il repoussa
avec une correction de langage peu commune
et une élégante impertinence les attaques dont
son administration avait été l'objet ; sa parole
dégagée de toute emphase, de toute boursou-
flure, de toute expression triviale ou vulgaire,
éclipsa ce jour-là l'éloquence de Gambetta et
ses amis le proclamèrent le premier orateur
du parti républicain.

Mais il avait eu la fâcheuse inspiration de
faire appel au témoignage de l'ancien commandant des mobiles de la Gironde, et Carayon
ainsi appelé à la tribune y fit la déclaration
suivante :

— J'ai eu l'honneur de commander un bataillon de mobiles. A mon arrivée à Lyon, j'ai
eu la douleur de voir le drapeau rouge sur
l'hôtel de ville. Mon bataillon fut envoyé dans
un village des environs, à Vénissieux. Mes mobiles n'étaient pas depuis quatre heures dans
ce village que le drapeau rouge était enlevé.
Le maire de Vénissieux adressa un rapport au

préfet contre le commandant, les officiers, sous-officiers et soldats du bataillon. Me trouvant chez le général Bressoles, j'ai vu le rapport du maire de Vénisseux qui avait été envoyé au général. Or en tête j'ai lu : « Faites-moi fusiller tous ces gens-là. *Signé* : Challemel-Lacour. »

Ces paroles furent accueillies à droite par des cris d'indignation, à gauche avec une morne attitude.

Challemel gravit lentement les marches de la tribune. Tout ému, ayant perdu toute assurance, il dit qu'il ne se rappelait plus; qu'il ne doutait pas de l'affirmation de M. de Carayon-Latour, mais qu'elle devait être le résultat d'une erreur; qu'il était indispensable de retrouver la pièce.

Alors une autre voix s'éleva, celle du comte Rampon, dont l'autorité était grande auprès de tous les partis dans l'Assemblée natio-nale :

— Du moment que M. de Carayon-Latour dit qu'il a vu, il n'y a pas d'enquête à faire.

Challemel était désarçonné. Il reprit et compléta à la séance du lendemain ses explications embarrassées :

— N'est-il pas probable, dit-il, que cette annotation sur un rapport que j'ai renvoyé au général commandant la division, ait simplement voulu dire : il y a là du désordre, de l'indiscipline ; des faits graves me sont signalés ; vérifiez, et s'ils sont vrais, sévissez avec vigueur. Qui jamais a pu penser que cette annotation fût un ordre ?

Sans doute ! La mauvaise foi des partis et l'aveuglement des passions politiques ont pu seuls prendre à la lettre cette annotation, et supposer que le préfet avait médité de faire dans Vénissieux une hécatombe de Girondins. Mais il faut avouer que cet administrateur, pour ordonner une enquête, avait d'étranges façons.

CHAPITRE XVIII

LE GÉNÉRAL BRESSOLES
LA CORRESPONDANCE DU PRÉFET

Les pleins pouvoirs furent durs aux officiers placés sous la dictature de Challemel-Lacour. Après le général Mazure emprisonné, le général Bressoles, plus souple et plus désireux de plaire, n'évita cependant pas la disgrâce.

Cet officier avait commandé le 72ᵉ de ligne à la bataille de Sedan. Il s'était évadé à Pont-à-Mousson, sans avoir pris aucun engagement avec l'ennemi ; puis, déguisé en paysan, il avait bravement traversé l'armée allemande, au risque d'être fusillé, et s'était rendu à Tours où il avait été nommé général de brigade.

Le 7 octobre, il était à Vierzon où il allait prendre le commandement de la brigade qui lui avait été désignée, lorsqu'un télégramme imprévu lui enjoignit d'aller à Lyon pour commander la 8e division militaire. Trois jours plus tard, il recevait ce commandement des mains du général de Montfort qui en avait été chargé provisoirement.

C'est par suite d'une erreur et d'une lacune dans ses souvenirs que le général Bressoles a déclaré, dans son témoignage devant la Commission d'enquête[1], qu'à cette date son prédécesseur venait d'être mis en liberté. La vérité est que le général Mazure ne quitta la prison Saint-Joseph que le 14 octobre.

Arrivé avec le désir de conquérir les bonnes grâces de l'autorité civile, le général Bressoles ne tarda pas à sentir l'amertume d'une subordination rendue plus difficile par le ton impératif et dédaigneux de la correspondance préfectorale. Il s'en plaignit à Challemel-Lacour, et l'avertit qu'il allait en référer au ministre. Challemel prit les devant et adressa à Gam-

1. Déposition du général Bressoles devant la Commission d'enquête sur « les marchés », présidée par le duc d'Audiffret-Pasquier, 22 juillet 1872.

betta une lettre qui résume tous ses griefs, et fait connaître l'état des rapports de l'autorité civile et de l'autorité militaire à Lyon, au mois de novembre 1870 :

CABINET DU PRÉFET DU RHONE

COMMISSAIRE EXTRAORDINAIRE
DE LA RÉPUBLIQUE.

Lyon, le 28 novembre 1870.

MONSIEUR LE MINISTRE,

M. Bressoles, général de brigade, chargé du commandement de la huitième division, me fait l'honneur de m'avertir que, blessé du ton de mes lettres, il ne peut supporter plus longtemps cette situation et va vous en référer.

Il est triste qu'on aille, en vous initiant à ces querelles, vous dérober un temps précieux ; il serait plus triste encore qu'elles eussent pour effet de compromettre ou d'entraver le service. C'est pourquoi il vous appartient de les apaiser.

Je ne saurais vous envoyer copie de mes lettres, dont j'ai le tort, au milieu des affaires qui m'assaillent, de ne pas toujours garder la minute. J'ai toutefois une assez grande habitude d'écrire pour être sûr de n'avoir jamais manqué, malgré la rapidité obligée de cette correspondance, aux règles de la plus parfaite courtoisie.

Si donc M. le général Bressoles s'est blessé, c'est qu'il l'a voulu ; et il est à croire, en effet, qu'il l'a voulu. La situation n'est pas pour lui, à Lyon, ce qu'il voudrait qu'elle fût. Il m'a été facile, dès les premiers jours, d'apercevoir que le rôle subordonné de l'autorité militaire lui plaisait peu. Il y a longtemps qu'au grand péril de la paix publique à Lyon il serait devenu le maître, si je ne m'étais défendu avec politesse, mais avec fermeté, contre ses essais répétés d'envahissement.

Ébloui peut-être par le hasard qui, du rang de général de fraîche date, le portait à l'un des premiers commandements de France, il ne me cachait pas, presque au lendemain de son arrivée, son désir d'être nommé ministre de la Guerre, et il ne dédaignait pas de solliciter de ma part un concours que je n'étais nullement en état de lui accorder. Depuis, par un manège assez adroit, il avait obtenu du Conseil municipal qu'il envoyât auprès de vous une délégation pour demander en sa faveur le grade de général de division ; on crut devoir auparavant me demander avis ; et cet avis eut le tort, que M. le général Bressoles n'a pas ignoré, de n'être pas conforme à ses désirs.

Il y a huit jours, une maladresse insigne de sa part[1],

1. Le 17 novembre, le général Bressoles avait fait enlever un drapeau rouge qui décorait le fortin des Mercières, récemment achevé, aux chantiers nationaux. De là une grande agitation parmi les ouvriers des chantiers, et l'intervention du préfet.

beaucoup disent une provocation calculée, a failli faire renaître le désordre et mettre les chantiers en combustion. J'ai dû intervenir encore pour assurer la paix. Bref des faits nombreux attestent l'ambition irritée de ce jeune général, l'impatience avec laquelle il supporte la part faite par la République à l'autorité civile, la susceptibilité ridicule qu'il éprouve ou qu'il affecte en toute circonstance à son égard.

Le préfet du Rhône,

CHALLEMEL-LACOUR.

Le général Bressoles fut remplacé le 20 décembre suivant par le général Crouzat.

CHAPITRE XIX

Pendant cette période de trouble et de confusion, sous l'autorité d'un procureur général, dont la confiance s'en rapportait à moi pour toutes les initiatives, à côté d'un préfet étranger à la ville qu'il administrait autant qu'à la fonction dont il était investi, je suis souvent sorti de mes attributions de magistrat, ou du moins je les ai cumulées avec les charges les plus diverses.

A peine investi par Gambetta du commandement général de « l'armée des Vosges », c'est-à-dire d'une armée à former dans un pays envahi, Garibaldi n'imaginait-il pas de s'adresser à moi, soit pour le recrutement, soit pour l'équipement de ses volontaires ?

Il m'écrivait de Dôle le 21 octobre :

Mon Cher Andrieux,

Nous voulons faire quelque chose et nous sommes entravés par des difficultés infinies.

Voulez-vous me servir de pourvoyeur pour l'armée que j'ai l'honneur de commander?

Je vous remets une copie de mes pouvoirs, émanés du Ministre de l'Intérieur et de la Guerre, et je vous prie de m'acheter en attendant dix mille couvertures de laine bonnes, dix mille chemises de laine et dix mille paires de bons souliers.

Si on peut trouver des gibernes et des ceinturons confectionnés, ayez la complaisance d'en ordonner cinq mille.

Ma lettre vous servira de pouvoir pour ces acquisitions.

Votre dévoué,

G. GARIBALDI.

La pièce suivante était incluse dans cette lettre.

Le Ministre de l'Intérieur et de la Guerre autorise le général Garibaldi personnellement à signer les réquisitions relatives à l'exécution de la mission de guerre dont il a été chargé et qu'il a acceptée.

Les réquisitions devront toujours porter la signature du général Garibaldi.

Fait à Besançon, le 18 octobre 1870.

Le Ministre de l'Intérieur et de la Guerre,

Signé : Léon GAMBETTA.

Je ne connaissais pas Garibaldi ; je ne l'avais jamais vu ; il m'écrivait pour la première fois, et j'étais d'emblée sacré « son cher Andrieux ».

On comprendra quel honneur c'était pour moi, si l'on veut bien songer à l'extraordinaire popularité dont Garibaldi jouissait à Lyon. Appelé comme un sauveur par délibérations successives du Comité de Salut public et du Conseil municipal, il venait d'être nommé « citoyen de Lyon » par cette dernière Assemblée en un ordre du jour vraiment dithyrambique, dont je retiens les dernières lignes : « Considérant que l'Amérique s'est fait un point d'honneur de décerner à ce glorieux soldat de la liberté, à ce redoutable ennemi de toutes les tyrannies, le titre de citoyen de la République américaine ;

— décerne au général Garibaldi, citoyen italien et américain, le titre de citoyen lyonnais, et se déclare fier de l'attacher ainsi à la République Française par cette nouvelle initiative de Lyon. »

Un conseiller municipal, le Dr Crestin, maire du IIIe arrondissement de la ville, trouvant sans doute trop platonique cette manifestation de confiance et de sympathie, avait, par surenchère, proposé que Garibaldi fût adjoint au Gouvernement de la Défense nationale.

A vrai dire, le Gouvernement était loin de s'associer à l'emballement des Lyonnais. Gambetta avait subi le concours de Garibaldi que lui imposait l'opinion populaire ; mais il eût préféré que le héros de l'indépendance italienne ne quittât pas son rocher de Caprera.

Quant à Challemel-Lacour, la dépêche suivante, adressée au Ministre de la Guerre, dit assez clairement ce qu'il en pensait :

On annonce de tous côtés la venue de Garibaldi à Lyon. Dans les réunions politiques, on décide qu'il sera nommé général en chef des armées de la Répu-

blique. Plusieurs veulent l'associer à Cluseret. Sa
venue à Lyon serait le signal de l'anarchie. Veuillez
donner des ordres pour qu'il demeure à Chagny.

Le préfet,

Signé : P. CHALLEMEL.

Je ne partageais ni l'enthousiasme du Conseil municipal pour l'ancien adversaire de nos
généraux à Rome et à Mentana, ni les appréhensions excessives et la sourde hostilité du
préfet. J'étais reconnaissant à Garibaldi de nous
avoir apporté le prestige de sa renommée, le
concours de son expérience et de son courage,
comme je l'étais à M. de Cathelineau d'avoir
mis au service de la patrie en danger l'appui
des royalistes vendéens. Je fis de mon mieux
pour aider dans sa tâche le général en chef de
l'armée des Vosges.

Ne pouvant me charger moi-même des diverses
acquisitions qu'il me demandait et désirant que
la responsabilité en fût partagée, je formai sous
ma présidence un Comité qui prit le titre de
« Comité lyonnais de l'armée des Vosges ».

Les braves gens qui le composaient étaient fort désintéressés ; mais, en échange de leurs soins et de leur dévouement, il leur parut qu'on pouvait bien leur octroyer quelques-uns de ces galons d'or ou d'argent qui flattent un citoyen d'autant plus qu'il est moins militaire, et dont le Gouvernement se montrait alors si prodigue. Je ne pus refuser de faire connaître leur désir au général Garibaldi qui me répondit :

Amange, 27 octobre 1870.

MON CHER ANDRIEUX,

Ignorant comme je suis du personnel du Comité organisateur de Lyon, je ne pourrais déterminer leur grade.

Ayez donc la bonté de réunir une Commission compétente à ce sujet ; et je demanderai l'approbation du Gouvernement.

J'accepte l'offre des médecins pour compléter notre ambulance, et je vous prie de les diriger au Dr Riboli qui en est le chef.

Merci pour tout ce que vous faites et ferez pour nous.

Votre dévoué,
G. GARIBALDI.

Je priai mes collègues de ne pas insister : ils firent à la Patrie le sacrifice des galons rêvés.

Ils n'en furent pas moins zélés à remplir la mission qu'ils avaient acceptée, et, dans sa lettre du 8 novembre, Garibaldi m'exprima de nouveau sa satisfaction :

Dôle, 8 novembre 1870.

Mon cher Andrieux,

Merci de cœur pour tout ce que vous avez fait pour nous.

Nous allons effectuer un mouvement sur la gauche et après, le colonel Bordone (peut-être demain) ira à Lyon pour régler toutes choses avec vous.

En attendant, nous vous avons envoyé le major Castellazzo se charger du dépôt de Lyon.

Castellazzo est un officier de beaucoup de mérite. Les prisons de l'Autriche et du Pape, desquelles il vient de sortir, l'ont un peu affecté moralement et physiquement. Il aura donc besoin de votre précieuse assistance.

Votre dévoué,
G. Garibaldi.

Le colonel Bordone, dont il est question dans cette lettre, était le chef d'état-major de Garibaldi dont il avait toute la confiance, malgré quelques antécédents fâcheux. Alors âgé de quarante-neuf ans, d'après les notes que j'ai conservées, né à Avignon de Joseph-Antoine Bordone, et de Christine Marchisio, il exerçait au chef-lieu du département de Vaucluse la profession de pharmacien.

Il avait échangé le tablier professionnel contre un bel uniforme, à aiguillettes d'or, qui, sous sa barbe blonde, enfermait une corpulence imposante, voisine de l'obésité.

Quant il entra chez moi, Bordone était fort irrité contre Challemel-Lacour. Le chef d'état-major de Garibaldi avait fait demander des fusils au préfet du Rhône; il prétendait que Challemel avait répondu : « Je n'ai pas de fusils à donner à ces gens-là; des bâtons sont bien bons pour les Garibaldiens! » Bordone, entendant venger cet outrage, me demandait d'aller trouver Challemel-Lacour, avec un second témoin non encore désigné, pour exiger, au nom du chef d'état-major de l'armée des Vosges, une réparation par les armes.

J'essayais de faire comprendre au colonel
Bordone que la réponse du préfet ne pouvait
être conforme au texte invraisemblable qu'il
m'en rapportait ; que, dans tous les cas, à l'approche de l'ennemi, nous avions mieux à faire
que d'échanger entre Français des balles ou des
coups d'épée. Je fus assez heureux pour éviter un
choc entre l'exhubérante indignation du pharmacien avignonnais et le froid dédain de
Challemel-Lacour. Le malentendu fut dissipé ;
j'imagine bien que Bordone, en s'adressant à
moi pour porter son cartel, avait prévu cette
pacifique solution.

CHAPITRE XX

ENCORE LE PHARMACIEN D'AVIGNON
L'ARRESTATION D'UN ANCIEN MINISTRE

Quoiqu'il dût bientôt l'élever, sur la prière instante de Garibaldi, au grade de général[1], la turbulence brouillonne du chef d'état-major de l'Armée des Vosges exaspérait Gambetta, comme il résulte de la dépêche suivante :

Bordeaux, 24 décembre 1870.

Ministre de la Guerre à délégué Freycinet,

« ... C'est Bordone qui signe toutes les dépêches ; c'est lui qui commande, taille, tranche, fait tout auprès de Garibaldi.

« Je fais d'abord une première remarque, c'est que les dépêches signées Bordone sont écrites dans une forme souvent inacceptable. Nul ne parle et n'écrit

---

1. 13 janvier 1871. Dépêche de M. de Freycinet à Garibaldi : « Le Gouvernement de la République vient de nommer Bordone général. En conférant ce grade à l'homme que vous honorez de votre confiance, nous avons voulu vous prouver une fois de plus notre sympathie et notre respect. »

comme lui ; on dirait vraiment qu'il est omnipotent. Il donne des ordres aux préfets ; il prescrit des mesures ; *il ordonne des arrestations ;* il n'y a rien qu'il ne fasse, partout, chez lui, comme hors de chez lui.....

« Avisez donc à réduire les prétentions de M. Bordone. Je n'ignore pas les ménagements que la situation comporte ; mais il y a moyen de ramener M. Bordone à son véritable rôle, et je vous prie, avec votre habileté accoutumée, de n'y pas manquer.

« *Signé :* LÉON GAMBETTA. »

« Il ordonne des arrestations », disait déjà Gambetta ; et cependant cette dépêche est antérieure à l'arrestation sensationnelle de M. Pinard, par laquelle le Tartarin de la rhubarbe mit sur les bras de Challemel-Lacour une nouvelle difficulté. Après le 4 septembre, Ernest Pinard, ancien ministre de l'Intérieur sous l'Empire, s'était réfugié à Autun, sa ville natale. Il y consacrait ses loisirs à faire de la propagande bonapartiste. Fluet et menu, ce petit homme n'éveillait en rien l'idée qu'on se peut faire d'un « ministre à poigne ».

A Autun aussi Garibaldi avait établi son quartier général. Bordone, qui était un homme de liberté, ne pouvait tolérer qu'un adversaire politique tint dès propos désobligeants pour la République et ses fonctionnaires, pour l'armée des Vosges et ses chefs. Il fit arrêter M. Pinard sous l'inculpation peu juridique de « menées bonapartistes » ; et sans se préoccuper de savoir si, ce délit problématique ayant été commis à Autun, la juridiction d'Autun n'était pas seule compétente, il expédia son prisonnier au préfet du Rhône.

Le nom de Pinard éveillait le souvenir des manifestations sur la tombe de Baudin, de la souscription ouverte dans la *Revue Politique* et des poursuites dans lesquelles Challemel-Lacour avait été impliqué. Quoiqu'il se trouvât en face d'un adversaire, Challemel ne peut être soupçonné d'avoir obéi à de basses rancunes en le faisant écrouer à la prison Saint-Joseph, où il le tint au secret le plus rigoureux. Challemel estimait que ses pleins pouvoirs lui donnaient toutes les attributions d'un juge d'instruction et il faut lui savoir gré de sa modération, puisqu'il n'allât pas jusqu'à se substituer aux tribunaux et à prononcer des condamnations.

La détention d'Ernest Pinard se prolongea parce qu'après un premier interrogatoire auquel il avait procédé, Challemel attendit le dossier accusateur dont Bordone avait annoncé l'envoi.

Nous avons la dépêche par laquelle le Préfet rend compte de ce premier interrogatoire. Il paraît bien qu'il n'a fait que se conformer aux instructions de Gambetta :

7 janvier.

Préfet à Gambetta. Guerre

« J'ai dû interroger l'homme venu d'Autun sur les seules indications contenues dans votre dépêche, sans lettres, dossier, ni rapport. Il explique sa présence à Autun par la résolution arrêtée de rester étranger à toute politique et de s'associer comme garde national dans sa ville natale à la défense du pays. Il prétend ne point correspondre, même avec ses amis qui sont à l'étranger. Il n'a pas voulu les suivre pour n'être pas accusé de conspirer. Quant à la distribution du *Drapeau*, il affirme y être complètement étranger. Il nie toute participation. Une dépêche d'Autun m'annonce un dossier ; s'il arrive, je reverrai l'homme. Il a bien peur.

« *Signé :* CHALLEMEL-LACOUR. »

Le 30 janvier, le dossier est enfin arrivé. Nouvel interrogatoire ; nouvelle dépêche :

Préfet Lyon à Gambetta

« J'ai enfin reçu de Bordone un volumineux dossier, composé de papiers et de notes de la main de Pinard. Il y en a de toutes dates ; les plus graves sont un recueil de calomnies toutes préparées contre l'armée garibaldienne et les fonctionnaires républicains. Ce que je vois très clairement dans ce dossier, c'est que Pinard est un parfait imbécile ; mais il n'existe pas le moindre indice qu'il ait reçu, distribué ou connu le journal le *Drapeau*. Toutefois je l'interrogerai une seconde fois, après quoi, ne pouvant le garder ni l'envoyer à Genève pour raison que vous connaissez, je le dirigerai, après avoir reçu votre avis, sur Bordeaux. Ranc le sermonera comme il sait faire.

« *Signé* : CHALLEMEL-LACOUR. »

Quand il connut cette arrestation, le Garde des Sceaux Crémieux, auquel il faut rendre cette justice qu'il fit toujours ce qu'il put pour protéger la liberté individuelle, invita le procureur général à faire entendre au préfet les protestations de la justice. A défaut de Le Royer, démissionnaire et non encore remplacé, ce fut le premier avocat général Édouard Millaud qui dut se charger de cette mission. Le 16 janvier, il put enfin télégraphier au Garde des Sceaux que l'ancien ministre de l'Empire avait été remis en liberté.

CHAPITRE XXI

LES DERNIÈRES MANIFESTATIONS ET LA DÉMISSION DE
CHALLEMEL-LACOUR. — LA REVUE DU 5 FÉVRIER 1871.
— LES LÉGIONS D'ALSACE-ET-LORRAINE.

Je ne me propose pas de noter ici tous les complots, sans cesse renaissants, toutes les tentatives avortées du parti révolutionnaire pour ressaisir la direction du gouvernement local.

Il me suffira de dire que pendant toute la durée du proconsulat de Challemel-Lacour, et les premiers mois de l'administration de son successeur, nous avons vécu dans une perpétuelle alerte ; nous avons été, pour ainsi dire, tous les jours à la veille d'une émeute, tous les jours à la merci des dispositions incertaines de la garde nationale, sans avoir les forces militaires ou de police nécessaires pour le maintien de l'ordre.

A l'énervement causé par ces quotidiennes

appréhensions, venait s'ajouter les déceptions de la signature de l'armistice, lorsque Challemel adressa à Gambetta une dépêche aussi injuste pour lui-même que pour ses administrés, méconnaissant à la fois le patriotisme des Lyonnais et les résultats obtenus par ses propres efforts.

4 février 1871.

Préfet Lyon à Gambetta. Guerre

L'armistice pouvant être rompu d'un moment à l'autre, je dois vous prévenir que l'ennemi, s'il marche sur Lyon, trouvera une ville sans troupes, sans provisions, sans courage. Nous n'avons pour nous défendre que six cents marins, dont la moitié sont malades, et une poignée de républicains des faubourgs ; je serai avec eux, s'ils ne m'égorgent pas avant, intention qu'ils manifestent tous les jours. Nous passons d'alerte en alerte ; mais mieux vaut l'invasion jusqu'à Marseille que de signer notre sentence de mort.

C'était là du mauvais Challemel ; du Challemel aux emportements et aux défaillances duquel, en face de l'émeute, j'avais assisté le 28 novembre, du Challemel qui inscrivait en marge du rapport

du maire de Vénissieux l'annotation restée cé-
lèbre, sans en calculer la portée ; du Challemel
féminin, en proie à ses nerfs.

Il a reconnu lui-même devant l'Assemblée
nationale, dans la séance du 1er février 1873,
l'injuste sévérité de ces appréciations :

Cette dépêche, a-t-il dit, a été écrite le 4 février,
lorsque l'armée de l'Est était détruite... Le jour où était
écrite cette dépêche, sous une impression sombre, je
demandais trop à la population lyonnaise. Il se peut
que j'aie découvert ce jour-là des signes de décourage-
ment que je n'avais jamais découverts chez personne à
Lyon, et c'est alors que j'ai écrit cette dépêche, de laquelle je m'empresse de retirer ici loyalement tout ce
qu'elle pourrait renfermer d'injurieux pour qui que ce
soit parmi mes anciens administrés.

Le 5 février 1871, sur la place Bellecour, au
milieu d'une population accourue de tous les
quartiers de la ville, eut lieu la remise solennelle, aux trois légions d'Alsace-et-Lorraine,
des drapeaux offerts par les dames du « Comité
de formation ».

Ces drapeaux portaient la devise : « Vaincre

et rester Français. » En recevant celui qui était destiné à sa légion, le colonel Millet s'écria :

Nous les rapporterons victorieux !

— Nous le jurons ! répondirent tous les officiers, dans un élan unanime, en agitant leurs épées.

Ces explosions de dévouement à la patrie et de confiance dans le maintien de son intégrité secouèrent profondément l'âme de la foule, et l'émotion des assistants se manifesta par les cris répétés : « Vive l'Alsace ! Vive la Lorraine ! Vive la France ! »

Le préfet et le général commandant la division passèrent devant le front des troupes, suivis des conseillers municipaux qui paradaient sous leurs écharpes rouges, frangées d'or, brodées aux armes de la ville.

Après la revue, Challemel adressa la parole aux officiers qui formèrent le cercle autour de lui. Avec cette hauteur d'éloquence où il savait atteindre quand il était en pleine possession de lui-même, il félicita les Alsaciens et les Lorrains de leur patriotisme et leur fit entrevoir, dans la patrie libérée, la récompense de leur courage et de leurs sacrifices. En terminant son allocution, il leur annonça qu'il allait quitter la préfecture du Rhône.

Le 29 janvier, en effet, il avait envoyé à Gambetta les dépêches suivantes :

29 janvier, 3 h. 45.

Préfet Lyon à Gambetta. Guerre

MON CHER AMI,

Je donne ma démission. Il ne me reste plus que cela à faire. C'est un engagement que j'ai pris et qui est irrévocable. Qu'on travaille à la paix ou que la révolution commence, je ne puis plus être utile au poste où je suis.

29 janvier, 7 h. 15.

Préfet Lyon à Gambetta. Guerre

... Je ne puis plus vous être d'aucune utilité à Lyon. Je n'y servirai pas la politique de capitulation. D'autre part, j'ai amassé contre moi trop d'hostilités dans tous les partis pour servir utilement la politique de révolution. Je ne saurai tirer de ce pays ni un homme ni un écu de plus. Un homme nouveau, même inconnu, réussira mieux que moi soit à maintenir l'ordre, soit à galvaniser les lâches, soit à mâter la réaction, soit à s'associer, à épurer, à mettre en œuvre les éléments révolutionnaires.

Challemel-Lacour jugeait sainement les sentiments qu'il inspirait à ses administrés. Il quitta Lyon sans laisser dans aucun parti les regrets qui l'eussent accompagné sans doute si l'obstacle d'un tempérament irritable et d'une santé ébranlée, en le rendant inaccessible aux conseils, et impatient de toute contradiction, ne l'eût isolé dans sa préfecture et ne l'eût empêché de se faire mieux connaître. Littérateur, artiste, homme d'esprit et d'imagination, il n'eut pas les qualités de calme, d'ordre et d'équilibre nécessaires à un administrateur. Parmi tous les préfets de cette époque, il eut plus qu'aucun autre le mérite d'avoir donné une vigoureuse impulsion à la défense nationale ; il put s'honorer d'avoir traversé des jours difficiles sans avoir eu recours à des répressions sanglantes ; mais il n'eut pas la satisfaction d'avoir rétabli le respect des lois et l'autorité du pouvoir central, et quand il quitta l'hôtel de ville, s'il jeta un dernier regard vers le beffroi du vieux palais qui durant cinq mois avait abrité ses veilles souvent troublées, il y put voir flotter encore ce drapeau rouge dont il avait dit qu'il était « un défi à la République et au bon sens ».

CHAPITRE XXII

Au moment de remettre à Emmanuel Arago le portefeuille de l'Intérieur et par décret daté du 4 février, Gambetta fit un heureux choix en donnant pour successeur à Challemel-Lacour, Edmond Valentin, ancien préfet de Strasbourg, qui nous arrivait précédé d'une glorieuse légende de patriotisme et de courage.

Valentin avait d'ailleurs été désigné à Gambetta par Challemel-Lacour lui-même qui lui avait télégraphié le 2 février : « J'ai sous la main l'homme qu'il me faut pour préfet du Rhône ; Valentin, le préfet de Strasbourg, est ici ; il déjeune avec moi. Envoyez-lui télégraphiquement sa nomination. Il accepte. »

Né à Strasbourg en 1823, Edmond Valentin, sorti du rang, était sous-lieutenant aux chasseurs à pied, quand, en 1850, ses compatriotes, les électeurs du Bas-Rhin, l'envoyèrent siéger à l'Assemblée législative. Après le coup d'État, il se réfugia en Angleterre et devint professeur à l'École d'Artillerie de Woolwich. A peine rentré en France, il fut nommé, le 5 septembre, préfet du Bas-Rhin.

C'était pendant les jours héroïques du siège de Strasbourg ; Valentin, pour se rendre à son poste, traversa les lignes ennemies et pénétra dans la place en franchissant à la nage, sous le feu de l'ennemi, la rivière l'Ill et le fossé des fortifications. Emmené en Allemagne après la capitulation de Strasbourg, il sortait des casemates de la forteresse d'Ehrenbreitstein quand il fut nommé préfet du Rhône.

Il n'a jamais songé à tirer vanité de ce passé ; il était intrépide avec simplicité ; il n'avait ni la haute culture, ni la supériorité intellectuelle de son prédécesseur ; mais sa nature loyale et bonne, sa figure ouverte, son regard franc, sa rude et sincère poignée de main lui conciliaient les sympathies ; il fut pour moi un véritable ami.

Dès son arrivée, Valentin adressa aux Lyonnais une proclamation qui répondait aux sentiments de la grande majorité ; il y affirmait « sa volonté de maintenir l'ordre et son inaltérable attachement à la République ». Les événements ne tardèrent pas à mettre à l'épreuve la sincérité de cette double affirmation.

Les élections du 8 février, faites à la hâte, dans un pays envahi, sur la question principale de la paix ou de la guerre à outrance, en reléguant au second plan les programmes politiques, avaient envoyé à l'Assemblée nationale une majorité monarchiste, qui disposait des deux tiers des sièges.

Dans le Rhône, comme dans la plupart des départements, on avait pensé que la seule question à débattre demandait avant tout le concours d'hommes honorables et éclairés, et on avait voté pour la paix sur les noms de citoyens également estimés, mais séparés par leurs opinions politiques.

La liste patronnée par les trois journaux conservateurs : *le Salut Public, le Courrier de*

Lyon et *la Décentralisation*, avait passé tout entière dans l'ordre suivant : Ducarre, Le Royer, Jules Favre, Bérenger, Trochu, Morel, Flottard, Glas, Lucien Mangini, Jean-Baptiste Perret, de Laprade, de Saint-Victor, de Mortemart.

En tête arrivaient, avec d'écrasantes majorités, des hommes dont les noms, sous l'Empire, effrayaient la bourgeoisie ; comme ces oiseaux qui se perchent sur les épouvantails devenus familiers, les conservateurs avaient voté avec ensemble pour Jules Favre, pour Le Royer, pour Ducarre.

Après eux venaient en plus grand nombre des représentants de l'opinion libérale, indécis entre les séductions du centre droit et les appas du centre gauche ; trois légitimistes fermaient la marche, élus pour l'intégrité de leur vie et la fierté de leurs sentiments patriotiques.

Ainsi composée, la liste des journaux conservateurs avait obtenu de 72.314 à 51.474 suffrages.

Garibaldi, le plus favorisé de la liste radicale,

échouait avec 48.000 voix [1] ; le Dr Crestin, conseiller municipal, en obtenait 43.000 ; puis venaient le maire Hénon avec 38.000, Raspail avec 37.000, l'adjoint Barodet avec 34.000.

Les représentants de la nation se réunissaient pour la première fois le 16 février dans la salle du théâtre de Bordeaux, et le lendemain, ils nommaient M. Thiers chef du pouvoir exécutif de la République Française.

1. Garibaldi fut élu dans les Alpes-Maritimes, son pays natal, et dans trois autres départements, la Seine, la Côte-d'Or et l'Algérie.

CHAPITRE XXIII

LE DRAPEAU ROUGE A L'HOTEL DE VILLE. — LE CLO-
CHER DE VAUGNERAY ET LE ZÈLE D'UN JUGE DE
PAIX.

Dès son arrivée, Valentin avait résolu de
rendre au drapeau tricolore la place qu'usur-
pait encore le drapeau rouge ; mais dans l'intérêt de l'ordre il avait désiré que l'initiative en
fût prise par le Conseil municipal.

Le Conseil était d'ailleurs depuis longtemps
préparé à ce changement dont il prévoyait la
nécessité prochaine, mais qu'il ajournait toujours. Dès son installation il s'efforçait d'atté-
nuer la signification du drapeau rouge ; il attribuait à son maintien un caractère provisoire,
et faisait afficher le 24 septembre la déclaration suivante : « Considérant que, le 4 septembre, en face de la France envahie, la ville
de Lyon a proclamé la Patrie en danger, et en
a arboré le signe ; considérant que le péril est

plus grand que jamais, délibère : Le signal de la Patrie en danger restera arboré sur l'hôtel de ville jusqu'à ce que le péril ait cessé. »

A partir de ce jour, le lapin, une fois de plus, est baptisé carpe, et l'argument de la Patrie en danger sert à repousser toute objection contre le drapeau de la Commune.

Cependant peu à peu l'intransigeance de la première heure faiblit et laisse entrevoir un accommodement prochain. A la séance du 14 février, le citoyen Benoît propose « de remplacer le drapeau rouge par le drapeau national. Le drapeau rouge sera déposé aux archives de la ville. Le citoyen Barodet exprime le désir de voir les deux drapeaux flotter l'un à côté de l'autre sur l'hôtel de ville. La solution est ajournée ».

La municipalité se rendait compte que l'heure était venue de s'incliner devant les trois couleurs ; toutefois, elle attendait une occasion propice et craignait de déchaîner une nouvelle sédition.

Cette occasion fut l'acceptation des préliminaires de paix par l'Assemblée nationale. Les sacrifices imposés au pays dépassaient les prévisions les plus douloureuses ; le Conseil municipal suspendit sa séance en signe de deuil. Alors l'adjoint Barodet, qui jusque-là s'était toujours prononcé pour le maintien du drapeau rouge, en demanda lui-même la suppression, et fit voter la délibération ci-après, destinée à l'affichage :

Le Conseil municipal,

Vu l'acceptation des préliminaires de paix par l'Assemblée réunie à Bordeaux ;

Considérant que le sacrifice et l'humiliation qu'il s'agissait d'épargner à la France sont maintenant consommés, et que les patriotiques espérances dont le drapeau rouge était l'emblême se trouvent, par le fait du traité de paix, ajournées à des temps meilleurs ;

Considérant d'ailleurs qu'il est bon de faire disparaître tout ce qui peut être à un titre quelconque une cause de division entre tous ceux qui veulent sincèrement la République;

Délibère :

ARTICLE PREMIER. — Le *fier drapeau* de la Patrie en danger et de la résistance à outrance ne survivra pas à l'humiliation de la France ; le drapeau rouge de la

Commune de Lyon cessera de flotter sur le dôme de l'hôtel de ville à partir du 3 mars 1871.

Art. 2. — Le drapeau noir sera hissé pendant trois jours au balcon de l'hôtel de ville en signe du deuil de la Patrie mutilée.

La délibération s'enfermait dans un prudent silence sur le drapeau tricolore ; mais, dès le lendemain, on le voyait réapparaître sur ce palais municipal dont il était absent depuis de si long mois.

Si l'on eût demandé à l'adjoint Barodet de quoi pouvait bien être *fier* le drapeau rouge, il eût sans doute souri dans la belle barbe noire qu'il portait alors, et peut-être eût-il répondu qu'il faut une religion pour le peuple. C'était sans doute le fond de sa pensée, quand il écrivit plus tard qu'en rédigeant la délibération proposée à ses collègues, il l'avait « aiguisée en paratonnerre pour dégager l'électricité populaire et conjurer l'orage [1] ».

La tempête n'éclata pas ; mais les précau-

1. Barodet, *Eclaircissements historiques. Lettre à M. le Dr Crestin.*

tions oratoires dont le texte était enguirlandé n'étaient pas inutiles : car pour les exaltés des quartiers révolutionnaires, la destinée de la République semblait liée à la couleur du drapeau.

J'ai souvenir que, peu de jours après l'arrivée de Challemel-Lacour, comme je sortais de chez le préfet, un garde national agitant son fusil d'un air de menace m'aborda dans la cour de l'hôtel de ville, et me montrant le dôme :

— Citoyen procureur de la République, me dit-il, souvenez-vous que le premier qui montera là-haut pour toucher au drapeau rouge sera descendu avant le drapeau. C'est notre consigne !

La crainte de la guerre civile avait seule empêché Challemel d'ordonner la mesure réparatrice que lui dictait son devoir, et qui répondait sans nul doute à ses sentiments de patriotisme.

Au fond, ses craintes étaient comprises et partagées par les libéraux et par les conservateurs lyonnais, et ce n'est qu'après son départ, quand le danger fut passé, qu'on songea à lui reprocher, comme une sorte de complicité, d'avoir si longtemps toléré le drapeau rouge.

Une anecdote contribuera à faire comprendre quel était à ce sujet l'état d'esprit de nombreux conservateurs dans les jours qui suivirent le 4 septembre.

Beaucoup plus tard, vers le milieu de juillet 1871, et, par conséquent, longtemps après le rétablissement de l'ordre, je reçus au parquet la visite d'un vénérable prêtre, curé de la commune de Vaugneray. Il venait me demander de faire enlever le drapeau rouge qui insultait à la piété et au patriotisme des fidèles sur le clocher de son église.

Je m'étonnai d'apprendre que le « haillon de guerre civile » voisinait avec la croix sur l'église de cette paisible commune. J'ouvris une enquête ; j'entendis le juge de paix, M. Perrin de Bénévent, fort attaché aux idées les plus conservatrices, autant par ses sentiments personnels que par ses traditions familiales ; il me fit cette stupéfiante déclaration :

— Après le 4 septembre, me dit-il, dans l'intérêt de l'ordre, j'ai cru devoir donner un gage d'adhésion au nouveau gouvernement. Je suis venu moi-même à Lyon acheter de l'étoffe rouge ; puis j'ai convoqué à mon audience les gardes champêtres de toutes les communes de mon canton, et j'ai donné à chacun d'eux le calicot nécessaire pour fabriquer le drapeau de la République, en les invitant à le placer sur le clocher de leur église.

Je n'ai pas besoin de dire que l'erreur du juge de paix de Vaugneray fut réparée sans résistance, et que la satisfaction du curé fut partagée par tous ses paroissiens.

CHAPITRE XXIV

On sait comment Paris répondit aux premiers
actes de l'Assemblée nationale et du Gouvernement de M. Thiers par l'insurrection du 18 mars.

L'autonomie communale, qui devait servir
de programme à la Commune de Paris, trouvait
à Lyon un terrain bien préparé. Nous l'y avons
vue triomphante dès le 4 septembre dans ce
Comité de Salut public qui prétendait gouverner
la ville sans immixtion du pouvoir central et
traiter d'égal à égal avec le Gouvernement de la
Défense nationale.

Dépouillée durant l'Empire de toute représentation municipale, ayant subi pendant vingt
ans le régime des Commissions et l'arbitraire
d'un préfet-maire, tombée, pour ainsi dire, à
l'état de *ville impériale*, la ville de Lyon, par

une naturelle réaction, était portée vers l'exagération contraire. Elle semblait d'ailleurs encouragée à l'essai du régime fédéraliste par l'exemple de sa voisine la Confédération Helvétique. On eût dit que, de même que le Rhône, le fédéralisme nous venait des sommets de la Suisse, en traversant le lac de Genève.

Le philosophe genevois avait écrit : « Une règle fondamentale pour toute société bien constituée et gouvernée légitimement serait qu'on pût en assembler aisément tous les membres toutes les fois qu'il serait nécessaire... Il suit de là que l'État devrait se borner à une seule ville tout au plus. »

J'imagine que *le Contrat Social* n'était pas très familier à nos démocrates lyonnais ; mais ils sentaient d'instinct que le régime fédéraliste, en restreignant l'État, en le plaçant plus près du peuple, donne à la démocratie plus d'autorité et la rapproche de son idéal toujours convoité, le gouvernement direct.

A la nouvelle de l'insurrection du 18 mars, beaucoup de Lyonnais tournèrent leurs regards

vers le nouveau préfet, qu'une vie de dévouement à la République et un long exil désignait
à la confiance des républicains.

Il s'adressa à ses adminitrés en un langage
dont la netteté contrastait heureusement avec
la rhétorique équivoque de la précédente administration :

Habitants du département du Rhône, leur disait-il
dans une proclamation affichée le 19 mars, — sous le
régime du suffrage universel, il ne peut exister qu'une
seule autorité, autour de laquelle tous les bons citoyens
ont le devoir impérieux de se rallier et dont les décisions doivent être obéies en toute circonstance, sans
hésitation, sans discussion ; c'est celle de l'Assemblée
nationale librement élue. Tout individu, toute réunion
d'individus qui s'aventurerait à mettre cette autorité
en question, sera par moi considéré comme rebelle à
la nation et traité comme tel.

Cette attitude résolue ramena les hésitants
et exerça, dans l'égarement de la première
heure, une influence salutaire.

Cependant l'insurrection communaliste rencontrait à Lyon de nombreuses adhésions. Ce
parti s'appuyait sur les anciens groupements

organisés sous l'Empire, sur la plupart des anciens membres du Comité de Salut public, sur les Comités que nous avons déjà vus à l'œuvre lors de l'envahissement de l'hôtel de ville le 28 septembre ; il avait des auxiliaires influents au Conseil municipal et pouvait y compter sur les sympathies plus ou moins avouées de la majorité. Enfin les bataillons des quartiers ouvriers étaient acquis à la cause de l'insurrection parisienne, confondue par eux avec celle de la République elle-même.

Tandis qu'à Paris le Comité central de la garde nationale, installé à l'hôtel de ville, fixait au 26 mars les élections de la Commune, et qu'à Versailles M. Thiers, protestant contre l'accusation de vouloir renverser la République, ramassait les débris de l'armée française pour le rétablissement de l'ordre et la défense de l'unité nationale, une insurrection éclatait à Lyon le mercredi 22 mars.

A midi, 350 officiers, sur 1.200 qu'en comptait la garde nationale, s'étaient réunis au palais Saint-Pierre. A côté d'eux on remarquait une cinquantaine de citoyens en habit civil : c'étaient les membres d'un « Club central », qui avaient provoqué la réunion. Un délégué de la Commune de Paris, Albert Leblanc, y prit la parole et invita les officiers à se prononcer pour la Commune contre le Gouvernement de Versailles. Après une courte discussion, le vote favorable à la sédition eut lieu à mains levées.

Une députation fut envoyée au maire ; elle lui proposa le maintien provisoire de la municipalité, sous la condition que la Commune serait proclamée et le préfet révoqué.

Pour ceux qui le connaissaient, la réponse de M. Hénon ne pouvait être douteuse; les délégués se heurtèrent à un refus. Ils quittèrent le cabinet du maire et descendirent tumultueusement les marches du perron en criant : « Aux armes ! »

Aussitôt le rappel fut battu ; l'hôtel de ville et les rues voisines furent occupés par des hommes appartenant aux bataillons de la Guillotière et de la Croix-Rousse.

L'inertie du haut commandement de la garde nationale avait favorisé cette surprise.

Les insurgés tentèrent d'arracher au préfet une adhésion à la cause de la Commune. Valentin, quoique sans appui, leur tint tête et leur fit entendre le langage d'une patriotique indignation. Ils le mirent en état d'arrestation, ainsi que le sécrétaire général Gomot, et placèrent des sentinelles à leurs portes.

Le premier avis de ces événements me fut apporté par un honorable industriel de Lyon, M. Gillet, à la 1re chambre du tribunal, où j'occupais le siège du ministère public et donnais mes conclusions dans une affaire civile. J'avertis M. le président Cuniac qui leva l'audience aussitôt.

Je quittai ma robe en toute hâte, et je me rendis à l'hôtel de ville que je trouvai occupé par les insurgés; le préfet était déjà prisonnier; je ne pus arriver jusqu'à lui.

Un nouveau Comité de Salut public s'installa, vers onze heures du soir, dans la salle des séances du Conseil municipal. Il était composé des citoyens Garel, Perrare, Parraton, Colonna, Poncet, Blanc, Tissot et Micoud. Les citoyens Crestin et Bouvatier, désignés pour en faire partie, avaient décliné cet honneur.

Ce Comité rétablit d'abord le drapeau rouge sur l'édifice municipal, d'où il avait été récemment enlevé. Il prononça la déchéance du maire et du Conseil municipal, la destitution du préfet, celle du général de la garde nationale ; il proclama la Commune. Les gardes nationaux furent invités à arrêter les ci-devant autorités, déclarées coupables de trahison envers le peuple.

Pendant ce temps, le maire restait dans son cabinet, attendant les événements qu'il était impuissant à diriger. Avec lui se trouvaient M. Barodet, premier adjoint, et M. Baudesson de Richebourg, général de la garde nationale.

Le Comité délégua auprès de M. Hénon le citoyen Garel, dont nous avons déjà fait la connaissance quand il était secrétaire du premier Comité de Salut public.

Barodet a raconté, en un récit pittoresque, l'entrevue dont il fut témoin.

C'est vers une heure du matin que Garel fit son entrée dans le cabinet du maire. Il était suivi du citoyen Pirodon, armé d'un fusil à baïonnette, marchant militairement, avec gravité.

Ce qui nuisait un peu au sérieux de cette mise en scène, c'est que le citoyen Garel était trop connu de Barodet. Ils avaient autrefois rimé ensemble des vers faciles et donné la réplique, sous les ombrages de Vernaison, aux chansons de leur compatriote et ami Pierre Dupont; leurs calembours, après les dîners sur l'herbe, n'avaient pas moins de succès que les poèmes rustiques où Garel chantait les oiseaux et les fleurs, tandis que Barodet flétrissait le 2 décembre et « Napoléon le Petit[1] ».

Aussi fut-ce Barodet qui répondit, lorsque Garel eut fait à M. Hénon, au nom de la Commune révolutionnaire, sommation de lui remettre les sceaux de la mairie.

---

1. A ceux qui ne connaissent pas le Barodet lyrique, je dénonce le recueil de ses vers, intitulé *Les Revenantes*. Lyon, imprimerie Vve Delaroche, 1899.

Ici je cède la parole à Barodet :

J'aimais Garel, dit-il dans une brochure publiée sous le titre : *Éclaircissements historiques. Lettres à M. le Dr Crestin.* J'avais pitié de ce poète et doux rêveur fourvoyé dans de pareilles aventures, et c'est moi qui, le connaissant le mieux, répondis à sa sommation. Je le fis sur un ton un peu railleur, mais véritablement affectueux. Je rappelai son talent poétique et ses goûts champêtres. Je me moquai de son garde du corps Pirodon et du fusil à baïonnette. Je lui dis que la Commune insurrectionnelle dont il faisait partie, incapable de rien administrer, sans considération et sans appui sérieux dans la population, serait dispersée le lendemain et que pas un de ses bons de réquisition ne serait remboursé par la Ville. J'ajoutai que les sceaux de la mairie avaient été mis en sûreté et je l'engageai, sur le ton de l'amitié, à rentrer chez lui, s'il ne voulait pas s'exposer davantage aux conséquences de la répression de l'insurrection.

Il parut quelque peu déconcerté, ne parla plus des sceaux de la mairie et, redevenant le bon Garel des champs, se rabattit sur une proposition vraiment admirable de naïveté : « Eh bien! dit-il, faisons-nous des concessions réciproques. Réunissons-nous en un seul corps délibérant. » On devine la réponse. Garel se retira comme il était venu, suivi de l'homme à la baïonnette, toujours solennel et l'arme au bras.

Ces événements, dont la plus grande partie s'était passée dans la nuit du 22 au 23, à l'heure qui, pour les gens paisibles, est celle de l'insouciance et du repos, étaient ignorés de la majorité de la population, lorsqu'en s'éveillant, le 23 au matin, elle apprit par la proclamation suivante, affichée sur les murs, qu'elle jouissait d'un nouveau gouvernement :

… La garde nationale, à bon droit émue de l'attitude prise par le Gouvernement de Versailles vis-à-vis de la Commune de Paris, a pris hier par le vote de ses délégués et par une action commune une décision énergique. Fidèle à la tradition du 4 septembre, elle a rendu à la Commune de Lyon tous ses droits et toute sa force. Nous sentons tous que contre le mouvement de Paris, l'Assemblée se sentirait forte de notre silence et de notre abstention pour vaincre la République à Paris d'abord, en province ensuite… Le Conseil municipal n'a pas agi ; il s'est avoué mâté, vaincu et impuissant. La garde nationale a voulu agir et vaincre et a proclamé une Commission provisoire de la Commune. Citoyens, cette Commission provisoire n'accepte que pour le temps le plus court la gérance des affaires… Elle va remettre dans le plus bref délai son pouvoir au suffrage appelé à constituer une Commune. Cette Commune doit maintenir pour Lyon le droit d'établir et de prélever ses impôts comme il lui plaira, de faire sa police elle-même et de disposer seule de la garde nationale, maîtresse de tous les postes et des forts...

Lyon, 23 mars 1871.

(Suivaient les signatures des membres déjà cités de la Commission provisoire.)

Une autre affiche était apposée au nom du *Comité démocratique de la Garde nationale* et du *Comité central de l'alliance républicaine.*

On y lisait, comme sous un verre grossissant, le récit des événements de la veille : « Citoyens, la Commune vient d'être proclamée du haut du balcon de l'hôtel de ville, *aux applaudissements frénétiques de la population entière.* Notre ville qui, la première, au 4 septembre, a proclamé la République, ne pouvait tarder d'imiter Paris, etc... »

La garde nationale avait un général, M. Baudesson de Richebourg qui avait remplacé dans le commandement de notre milice urbaine le vieux colonel Métra, promu à l'honorariat[1].

---

1. Entre le colonel Métra et le général Baudesson, notons le court passage du général Alexandre, révoqué le 29 novembre par Challemel-Lacour.

M. Baudesson de Richebourg était un ancien commandant du génie, intelligent, distingué ; il avait sans doute le courage militaire, mais peu fait pour le contact de l'émeute, s'il n'avait pas donné sa démission, il considérait comme valable la révocation dont l'avait frappé la Commune et se tenait à l'écart.

Démissionnaire était mon procureur général Le Royer qui, depuis l'élection du 8 février, occupait son siège à l'Assemblée nationale.

Enfin, le préfet prisonnier ne pouvait donner aucune direction.

Dans ce désarroi général, je dus prendre la part la plus active aux mesures destinées au rétablissement de l'ordre.

CHAPITRE XXV

LE GÉNÉRAL CROUZAT A LA GARE DE PERRACHE
LES OFFICIERS DE LA GARDE NATIONALE

J'allai d'abord me concerter avec le général Crouzat qui, depuis le 20 décembre, avait remplacé le général Bressoles dans le commandement de la 8e division militaire.

Je le trouvai, dès l'aube du jour, à la gare de Perrache, où, malgré l'insuffisance des forces dont il disposait, et dont une partie était nécessaire pour empêcher le pillage des forts, il avait concentré des troupes et de l'artillerie dans une forte position.

Sur son conseil, j'allai frapper à la porte de plusieurs chefs de bataillon de la garde nationale : je leur demandai leur concours pour reprendre l'hôtel de ville et délivrer le préfet.

Partout je reçus une réponse décourageante : les commandants n'osaient compter sur leurs hommes, soit que ceux-ci fussent sympathiques à l'insurrection, soit qu'ils ne voulussent pas, pour la réprimer, courir les risques d'une collision sanglante.

Les insurgés étaient bien armés ; ils s'étaient emparé du fort des Charpennes ; ils y avaient trouvé de l'artillerie ayant appartenu à une légion dissoute d'Alsace-et-Lorraine. Ils avaient emmené les canons à l'hôtel de ville et les avaient disposés aux deux entrées, place des Terreaux et place de la Comédie. A côté des affûts, s'élevaient des monticules de boulets symétriquement rangés.

J'appris bientôt que leur artillerie ne pouvait leur servir, les boulets n'étant pas du calibre des canons ; mais cet appareil meurtrier n'en intimidait pas moins les honorables négociants, pour la plupart pères de famille, qui faisaient sans beaucoup d'enthousiasme leur service de gardes nationaux dans les bataillons des quartiers conservateurs.

Quand je retournai à Perrache faire part au général Crouzat de l'insuccès de mes premières démarches, les canons qu'il avait fait placer sur la plate-forme de la gare, deux batteries de 12, venaient d'en être retirés sur l'intervention de l'adjoint Barodet : « Il importe, disait Barodet, de ne pas provoquer la population par d'inutiles menaces, alors que le fantôme de la Commune est sur le point de s'évanouir. » Barodet était dans son rôle, les municipalités ayant des devoirs paternels. Mes préoccupations étaient autres. J'obtins que les canons fussent remis en batterie, convaincu qu'ils aideraient mieux que les exhortations municipales à « l'évanouissement du fantôme ».

Pendant que je conférais avec le général, un délégué de la Commune, l'horloger Edouard Fournier eut l'audace de s'emparer du télégraphe de la gare, à quelques pas des troupes. Je le mis en état d'arrestation et le fis conduire à la prison Saint-Joseph. Cet horloger était d'ailleurs un brave homme, venu de Mâcon pour remonter la République, et son action vraiment courageuse était un acte de dévouement à des convictions égarées, mais sincères.

Informé que des insurgés se dirigeaient vers

la maison d'arrêt pour mettre en liberté Deloche et les autres assassins d'Arnaud qu'avait condamnés l'avant-veille le Conseil de guerre, je courus à la prison et je fis évacuer, par un train spécial, ces dangereux détenus sur la maison centrale de Riom.

Jaune et tremblant comme une feuille d'automne, Deloche croyait sa dernière heure venue. Il ne reprit un peu de sang-froid que lorsqu'il vit les soldats bivouaquant dans les salles d'attente et qu'il comprit la cause de son déplacement.

Le 23, à trois heures, eut lieu, au poste de Bellecour, une importante réunion des officiers de la garde nationale. Tous les chefs de bataillon moins un étaient présents; ils se prononcèrent hautement pour le Gouvernement issu du suffrage universel et contre les séditions de Paris et de Lyon. Ils nommèrent l'un d'eux, le chef de bataillon Chapotot, commandant provisoire de la garde nationale, en remplacement du général Baudesson.

J'assistai à cette réunion et j'ai eu l'honneur

de collaborer au manifeste suivant par l'adoption duquel elle s'est terminée :

Citoyens,

Un malentendu regrettable a fait prendre les armes à toute la garde nationale de Lyon et a amené des faits graves qu'elle réprouve à l'unanimité. Revenus de leur surprise, tous les officiers, en présence de leurs chefs de bataillon, réunis en une pensée de dévouement absolu à la République, viennent faire cesser, avec ce malentendu, les inquiétudes de la population. Le suffrage universel, base unique de nos institutions républicaines, a été violé en la personne des mandataires élus de la Commune de Lyon. Un Comité, contre le vœu de la délégation des officiers de la garde nationale qui voulait le maintien du Conseil municipal, s'est emparé de l'autorité que le peuple ne lui a pas conférée. Il comprendra qu'il doit, lui aussi, se rallier au sentiment de bonne harmonie et à la défense de la République. En conséquence, la garde nationale, par la voix de ses délégués, légalement représentée, se met à la disposition pleine et entière du Conseil municipal élu de la Commune de Lyon. Elle le conjure de rentrer dans la salle de ses délibérations et de veiller au salut de la République, que nous jurons tous de maintenir.

(Suivaient les signatures des chefs de bataillon et du général provisoire Chapotot.)

La presse nous prêta un utile concours. Unis dans un même sentiment de patriotisme et d'honneur, tous les grands journaux signèrent et publièrent, en tête de leurs colonnes, un appel commun à tous les bons citoyens, et pour la première fois peut-être la signature du *Progrès* se rencontra avec celles du *Salut Public*, du *Courrier* et de la *Décentralisation*.

Durant la nuit du 24 au 25, vers deux heures du matin, je pus pénétrer, sans être reconnu, à l'hôtel de ville dans la salle des lions et jusque dans la cour centrale ; je constatai que les gens de la Commune étaient en petit nombre ; qu'ils paraissaient découragés ; que beaucoup d'entre eux étaient ivres, et j'allai, quelques heures plus tard, faire part au général Crouzat de ma conviction qu'avec une cinquantaine d'hommes résolus nous pouvions reprendre l'hôtel de ville et en finir avec l'émeute.

CHAPITRE XXVI

UNE HEUREUSE DIVERSION. — LES MOBILES DU RHONE REVIENNENT DE BELFORT. — *ÉVASION NOCTURNE DE LA COMMUNE.*

Grâce à une heureuse diversion préparée par la mairie, nous n'eûmes pas besoin de recourir à la force.

Dans la journée du 24 mars, on pouvait lire sur les murs de Lyon :

ARRIVÉE A LYON DES MOBILES DE BELFORT

Les mobiles du Rhône qui faisaient partie de la garnison de Belfort feront demain samedi leur entrée solennelle à Lyon. Les deux bataillons de ce corps seront échelonnés sur le cours de Brosses à midi. Le maire de Lyon, entouré de son Conseil municipal, ira les recevoir à l'entrée du pont de la Guillotière à une heure.

Tous les bataillons de la garde nationale sont convoqués pour assister par détachements à la réception qui sera faite à ces braves enfants de la cité.

Du cours de Brosses, le cortège se rendra à l'hôtel de ville par la rue de la Barre, la place Bellecour, les quais des Célestins, Saint-Antoine, d'Orléans, la rue d'Algérie et la place des Terreaux. Le défilé aura lieu devant le maire et le Conseil municipal, placés sur le perron de l'hôtel de ville.

Lyon, 24 mars 1871.

Signé : HÉNON.

Pendant la nuit du 24 au 25, sous la protection d'une garde de plus en plus réduite, de moins en moins confiante, la « Commission provisoire de la Commune », en permanence, délibérait.

Ils étaient sept. Le luxe des plafonds, des boiseries, des tentures faisait avec leur accoutrement un contraste auquel d'ailleurs la salle Henri-IV commençait à être habituée.

Accoudés autour de bouteilles vides et de débris de victuailles, dans la fumée des pipes, ils échangeaient leurs réflexions pessimistes sur la prochaine arrivée des mobiles, et sur cette impertinente affiche qui réglait la marche du cortège jusqu'à l'hôtel de ville, sans considération de l'autorité nouvelle et de la révolution qu'elle avait accomplie ! Pour un peu ils eussent traité de factieux le maire et son Conseil municipal.

Il n'était pas douteux que les « Belfortains », comme on les appelait, après leur longue absence, leurs souffrances et leur glorieuse participation à la défense de Belfort, rentrant à Lyon, clairons sonnant, tambours battant, sous les plis du drapeau tricolore, seraient accompagnés jusqu'à l'hôtel de ville par une foule immense, confondant dans un même enthousiasme les mobiles du Rhône et la municipalité qui venait de les recevoir dignement. Quelle figure allait faire la « Commission provisoire » ? Allait-elle attendre d'être honteusement chassée ?

Un commissaire, — n'était-ce pas Garel ? — ouvrit l'avis qu'il fallait « s'en aller ». Le souci de la vérité m'obligerait peut-être à mettre dans sa bouche une expression plus énergique ; mais l'essentiel, c'est que sa proposition fût trouvée sage et qu'elle fût adoptée par l'unanimité de ses collègues.

Après avoir bourré une dernière pipe, ils s'évadèrent nuitamment, non sans avoir congédié leur garde prétorienne et relevé de sa fonction la sentinelle dont la vigilance assurait la détention du préfet.

Ce citoyen entra dans la chambre où Valentin dormait profondément :

— Citoyen préfet, lui dit-il, en le secouant par l'épaule, vous êtes libre !

Et il lui remettait un papier que le Comité sortant avait laissé sur la table. C'était la démission des citoyens Garel et consorts, ainsi conçue :

COMMUNE DE LYON

Considérant que la Commission provisoire de Lyon, acclamée par la garde nationale, ne se sent plus soutenue ;

Considérant que la garde nationale manquant à ce devoir de soutenir la Commune qu'elle a réclamée, les membres de la Commune se déclarent déliés de leurs engagements envers leurs mandants et résilient les pouvoirs qu'ils avaient reçus d'eux.

Pour la Commission :

Signé : BLANC, PARRATON [1].

Valentin apprenait, quelques heures plus tard, que son collègue et voisin, le baron de l'Espée,

---

1. Parraton avait fait partie du Comité de la rue Luizerne, où il était un des sous-ordres de Timon.

préfet de la Loire, comme lui prisonnier de l'émeute, venait d'être assassiné à Saint-Étienne.

Le 25 mars fut une belle journée pour la population lyonnaise. Au clair soleil du printemps, elle voyait de nouveau flotter, et définitivement cette fois, les trois couleurs nationales sur son hôtel de ville ; l'aventure de la Commune, qui semblait devoir finir dans le sang, s'était terminée dans le ridicule et dans le vide par une victoire de l'opinion, et à la satisfaction de ce dénouement pacifique venait se joindre la joie de revoir les braves défenseurs de Belfort.

Le général Crouzat et son état-major, la garde nationale en grande tenue, le Conseil municipal ayant à sa tête l'adjoint Barodet, en l'absence du maire malade, se portèrent au-devant des mobiles du Rhône ; la foule les accueillit par des acclamations enthousiastes et couvrit de fleurs leurs uniformes et leur drapeau.

Mais cette journée de joie patriotique, d'union et de confiance devait être sans lendemain. Le foyer de guerre civile n'était pas encore éteint.

CHAPITRE XXVII

LES DÉPÊCHES DU CHEF DU POUVOIR EXÉCUTIF. LA LUTTE CONTRE LA COMMUNE DE PARIS RACONTÉE PAR M. THIERS.

Le mois d'avril se déroula en une suite d'alarmes incessantes. Nous suivions avec angoisse les événements de Paris ; le moindre succès des « communards » pouvait avoir une redoutable répercussion parmi leurs partisans à Lyon.

Nous lisions avidement les dépêches circulaires que M. Thiers adressait presque chaque jour aux préfets, aux procureurs généraux, aux procureurs de la République, aux généraux commandant les divisions et subdivisions militaires.

En voici quelques-unes que je retrouve parmi mes papiers ; elles sont l'histoire sommaire des opérations militaires, écrites par celui qui les décidait le plus souvent lui-même et en surveillait de près l'exécution.

Versailles, 2 avril 1871.

Depuis deux jours des mouvements s'étant produits du côté de Rueil, Courbevoie, Nanterre, Puteaux, et le pont de Neuilly ayant été barricadé par les insurgés, le Gouvernement n'a pas voulu laisser ces tentatives impunies et il a ordonné de les réprimer sur-le-champ.

Le général Vinoy, après s'être assuré qu'une démonstration, qui était faite par les insurgés du côté de Châtillon n'avait rien de sérieux, est parti à six heures du matin avec la brigade Daudel de la division Faron, la brigade Bernard de la division Bruat, éclairé à gauche par la brigade des chasseurs du général de Galliffet, à droite par deux escadrons de la garde républicaine. Les troupes se sont avancées sur deux colonnes, l'une par Rueil et Nanterre, l'autre par Vaucresson et Montretout; elles ont opéré leur jonction au rond-point des Bergères.

Quatre bataillons des insurgés occupaient les positions de Courbevoie, telles que la caserne et le grand-rond-point. De la statue, les troupes ont enlevé ces positions barricadées, avec un élan remarquable. La caserne a été prise par les troupes de marine; la grande barricade de Courbevoie par le 113e. Les troupes se sont ensuite jetées sur la descente qui aboutit au pont de Neuilly et ont enlevé la barricade qui fermait le pont. Les insurgés se sont enfuis précipitamment, laissant un certain nombre de morts, de blessés et de prisonniers. L'entrain des troupes hâtant le résultat, nos pertes ont été presque nulles. L'exaspération des soldats était extrême et s'est surtout manifestée contre les déserteurs qui ont été reconnus. A quatre heures, les troupes rentraient dans leur cantonnement, après avoir rendu à la cause de l'ordre un service dont la France leur tiendra grand compte. Le général Vinoy n'a pas un instant quitté le commandement.

Les misérables que la France est réduite à combattre ont commis un nouveau crime. Le chirurgien en chef de l'armée, M. Pasquier, s'étant avancé seul et sans armes trop près des positions ennemies, a été indignement assassiné.

Signé : A. THIERS.

Le 3 avril, ayant hâte de venger ce premier échec, l'armée de la Commune tente l'épreuve de la sortie en masse si souvent réclamée pendant le siège. Dans les deux dépêches suivantes, M. Thiers nous fait, avec la compétence militaire dont il se flattait, le récit de la défaite des fédérés :

Versailles, 3 avril.

Excités par le combat d'hier, les insurgés ont voulu revenir sur Courbevoie, et ils se sont portés en masse sur Nanterre, Rueil et Bougival. En même temps une colonne descendait du nord sur Bezons, Chatou et Croissy. Le mont Valérien, dès le point du jour, a ouvert son feu sur les colonnes, et chaque obus qui tombait sur elles mettait en fuite les groupes atteints. Les insurgés ont cherché alors un refuge dans Nanterre, Rueil et Bougival, et ils ont essayé d'attaquer nos positions. Les brigades Garnier, Daudel, Dumont, avec deux batteries de réserve de 12, les ont vivement canonnés et les ont bientôt obligés à lâcher prise. Le général Vinoy qui s'était porté sur les lieux et qui avait à sa droite la cavalerie du général Dupreuil, ayant menacé de les tourner, ils se sont dispersés en désordre et ont laissé en fuyant le terrain couvert de leurs morts et de leurs blessés.

C'était une affreuse déroute. Au même instant, à l'extrémité opposée de ce champ de bataille, les insurgés attaquaient vers Sèvres, Meudon et le petit Bicètre, en nombre considérable. Ils ont rencontré sur ces points la brigade La Mariouse et l'infanterie du corps des gendarmes. Ces derniers sont entrés dans Meudon fusillés par les fenêtres et se sont comportés avec une admirable valeur. Ils ont délogé les insurgés qui ont laissé un grand nombre de morts dans les rues de Meudon. A droite, les marins du général Bruat et la brigade Dérojat de la division Faron ont enlevé le petit Bicètre sous les yeux de l'amiral Pothuau qui s'était porté en cet endroit et les dirigeait. La journée s'est terminée par la fuite désordonnée des insurgés vers la redoute de Châtillon. Leur dispersion et leur fuite précipitée sont cause qu'il y a eu plus de morts que de prisonniers. Cette journée qui aura coûté de grandes pertes à ces aveugles, menés par des malfaiteurs, sera décisive pour le sort de l'insurrection. Tout fait espérer qu'elle ne sera pas longtemps à sentir son impuissance et à débarrasser Paris de sa présence.

Signé : A. THIERS.

Les fédérés s'étaient leurrés d'une victoire. Gustave Flourens, dans la nuit du 2 au 3, télégraphiait « qu'il fallait être à Versailles le soir même ; que la victoire était certaine », et pendant la déroute, réfugié dans une maison de Rueil, il était tué d'un coup de sabre par un capitaine de gendarmerie. Exalté jusqu'à la folie, mais intrépide, sincère et généreux, Gustave Flourens méritait une meilleure destinée. Sa mémoire se rattache à notre histoire lyonnaise par le souvenir du commandement que lui avait offert le Comité de Salut public.

La matinée du 4 avril complétait la défaite des fédérés et M. Thiers en achevait le récit :

Versailles, 4 avril.

Les opérations de la journée d'hier ont été terminées ce matin avec la plus grande vigueur. Les troupes étaient restées devant la redoute de Châtillon où des travaux considérables avaient été faits contre les Prussiens. A cinq heures du matin, la brigade Dérojat et la division Pellé étaient en face de cet ouvrage important. Deux batteries de 12 étaient chargées d'en éteindre le feu.

Les troupes dans leur ardeur n'ont pas voulu attendre que ces batteries eussent accompli leur tâche. Elles ont enlevé la redoute au pas de course. Elles ont eu quelques blessés et elles ont fait 1.500 prisonniers. Deux généraux improvisés par les révoltés, l'un appelé Duval a été tué, et l'autre appelé Henry a été fait prisonnier. La cavalerie qui escortait les prisonniers a eu la plus grande peine, à son entrée à Versailles, à les protéger contre l'irritation populaire, jamais la basse démagogie n'avait offert aux regards affligés des honnêtes gens des visages plus ignobles. L'armée poursuit sa marche sur Châtillon et Clamart. Le brave général Pellé, l'un des meilleurs officiers de l'armée, a été blessé à la cuisse d'un éclat d'obus.

Les troupes réunies aux portes de Marseille pour y faire cesser la triste parodie de la Commune de Paris se sont emparées ce matin de la gare du Chemin de fer et sont en marche vers la préfecture [1].

Signé : A. THIERS.

1. La Commune avait été proclamée le 23 mars à Marseille. Les désordres y furent réprimés par le général Espivent de la Villeboisnet, après douze jours d'anarchie et de terreur.

A partir de ce moment la Commune renonce aux sorties et soutient la lutte derrière les remparts.

M. Thiers continue à nous tenir informés ; il attache une importance particulière à la dépêche suivante, dont il ordonne l'affichage dans toutes les communes de France :

Versailles, 12 avril.

Ne vous laissez pas inquiéter par de faux bruits. L'ordre le plus parfait règne en France, Paris, seul excepté. Le Gouvernement suit son plan et il n'agira que lorsqu'il jugera le moment venu. Jusque-là les événements de nos avant-postes sont insignifiants. Les récits de la Commune sont aussi faux que ses principes. Les écrivains de l'insurrection prétendent qu'ils ont remporté une victoire du côté de Châtillon. Opposez un démenti formel à ces mensonges ridicules. Ordre est donné aux avant-postes de ne dépenser inutilement ni la poudre, ni le sang de nos soldats. Cette nuit, les insurgés vers Clamart ont canonné, fusillé dans le vide, sans que nos soldats devant lesquels ils fuient à toutes jambes, aient daigné riposter. Notre armée tranquille et confiante attend le moment décisif avec une parfaite assurance, et si le Gouvernement la fait attendre, c'est pour rendre la victoire moins sanglante et plus certaine. L'insurrection donne plusieurs signes de fatigue et d'épuisement. Bien des intermédiaires sont venus à Versailles porter des paroles, non pas au nom de la Commune (sachant qu'à ce titre ils n'auraient pas même été reçus), mais au nom des républicains sincères qui demandent le maintien de la République et qui voudraient voir appliquer des traitements modérés aux insurgés vaincus. La réponse a été invariable. Personne ne menace la République, si ce n'est l'insurrection elle-même. Le Chef du Pouvoir exécutif persévérera loyalement dans les déclarations qu'il a faites à plusieurs reprises. Quant aux insurgés, les assassins exceptés, ceux qui déposeront les armes auront vie sauve. Les ouvriers malheureux conserveront pendant quelques semaines les subsides qui les font vivre.

« Paris jouira comme Lyon, comme Marseille, d'une représentation municipale élue, et comme toutes les autres villes de France, fera librement les affaires de la cité; mais pour les villes comme pour les citoyens, il n'y aura qu'une loi, une seule, et il n'y aura de privilège pour personne. Toute tentative de sécession essayée par une partie quelconque du territoire sera énergiquement réprimée en France ainsi quelle l'a été en Amérique. Telle a été la réponse sans cesse répétée, non pas aux représentants de la Commune que le Gouvernement ne saurait admettre auprès de lui, mais à tous les hommes de bonne foi qui sont venus à Versailles s'informer des intentions du Gouvernement.

Signé : A. THIERS.

« Personne ne menace la République », disait M. Thiers. Il est curieux de rapprocher de cette affirmation la lettre suivante que Le Royer m'écrivait de Versailles le 27 avril :

. . . .

Je crois que le Gouvernement s'est décidé à frapper un grand coup. Depuis ce matin vers cinq heures les troupes se dirigent en nombre considérable du côté de Paris. Je viens de voir passer sous mes croisées trois bataillons de marins. Cette lutte impie devient un véritable cauchemar. Vous savez si j'ai l'horreur du sang ; mais j'en arrive à souhaiter ardemment une solution coûte que coûte, car je suis convaincu qu'en se prolongeant cette situation donne toutes les chances *au* Bonaparte, en condamnant peut-être définitivement la République.

Hier au soir, on assurait que la fusion orléano-légitimiste était conclue ; que *le* Chambord[1] adoptait le comte de Paris, et que MM. les royalistes allaient arborer franchement les fleurs de lys.

Je n'en crois pas un mot ; cependant la rage des royalistes contre Thiers s'accentue d'une façon à rendre vraisemblable, sinon un accord entre les deux fractions, au moins un plan commun pour tuer la République.

---

1. « *Le* Chambord, *le* Bonaparte » étaient des formes familières sous lesquelles *le* Royer aimait à affirmer son républicanisme.

Qui m'aurait dit qu'un jour je soutiendrais de mes vœux et de mes votes M. Thiers[1] ?

Mes amitiés à tous vos substituts.

Parmi les porteurs de paroles de conciliation, dont parlait M. Thiers, venus à Versailles moins « pour s'informer des intentions du Gouvernement » que pour peser sur ses résolutions, devaient se rencontrer naturellement les délégués du Conseil municipal de Lyon.

Dans sa séance du 10 avril, le Conseil avait nommé une délégation « ayant pour mission d'amener les *belligérants* à une conciliation ». Elle était composée des citoyens Vallier, Crestin, Barodet, Outhier et Ferrouillat.

Quelques jours avant, le Conseil avait voté une adresse à l'Assemblée nationale où il était dit : « Vous n'avez laissé passer aucune occasion de vous montrer hostiles à la République... Lorsque vous vous êtes obstinés à refuser à

1. Quoique Le Royer eût été élu le 8 février sur la liste des journaux conservateurs, il passait sous l'Empire pour être à Lyon le chef du parti radical. Il avait appuyé la candidature intransigeante de Bancel contre celle du Dr Hénon, jugée trop modérée. Il raillait volontiers l'aristocratie républicaine, où se distinguaient ses confrères, Ferrouillat et Varambon.

Paris la satisfaction qui lui est due, à ne pas entrer dans la voie de la conciliation, nous avons éprouvé une bien douloureuse surprise[1]. »

On comprend que, précédés par cette irrespectueuse manifestation, les délégués lyonnais durent recevoir à Versailles un accueil réfrigérant.

Ils ne furent pas beaucoup mieux reçus à Paris où l'approche d'un tragique dénouement exaltait le fanatisme des membres de la Commune. Léo Meillet ne disait-il pas : « Quiconque parle de conciliation est un traître! »

A leur retour, dans la séance du 25 avril, Ferrouillat donnait lecture du rapport des délégués, écho lamentable de leurs déceptions : « Nous avons demandé, disait le rapporteur,

1. Procès-verbaux des séances du Conseil municipal. Séance du 28 mars. — A lire aussi l'adresse à l'Assemblée nationale, votée dans la séance du 5 avril : « ...Il est de notre devoir de dire à l'Assemblée nationale que le vote de la loi municipale en projet, aurait pour résultat inévitable de provoquer la résistance des villes de 6000 âmes et au-dessus. D'ailleurs en restreignant, comme elle semble vouloir le faire, les pouvoirs des municipalités, l'Assemblée préjugerait la Constitution et outre-passerait son mandat. C'est donc sur elle que retomberait toute la responsabilité des redoutables événements qui pourraient en être la conséquence. — Sur la proposition du citoyen Ménard, le Conseil vote l'impression de ladite adresse et son envoi à toutes les communes de 6000 habitants et au-dessus. »

une entrevue à la Commune. Nous avons trouvé là, nous devons le dire, le même parti-pris qu'à Versailles, la même résistance aux idées de conciliation. »

Les dépêches de M. Thiers étaient de plus en plus empreintes d'une confiance communicative.

Aujourd'hui, nous télégraphiait-il le 17 avril, nos troupes ont exécuté un brillant fait d'armes. Du côté de Courbevoie, la division Montandon dirigée par son habile général a fait la conquête du château de Bécon. Après une vive canonnade, le jeune colonel Davoust duc d'Auerstadt s'est lancé à la tête de son régiment et a enlevé le château. Nos troupes du génie se sont hâtées de commencer un épaulement avec des sacs à terre et d'établir une forte batterie. La position d'Asnières ainsi contrebattue ne pourra plus inquiéter notre tête de pont de Neuilly. Nous n'avions pas d'autre objet, persistant toujours à éviter les petites actions jusqu'à l'action décisive qui rendra définitivement force à la loi.

Signé : A. THIERS.

CHAPITRE XXVIII

LYON DERNIER ESPOIR DE LA COMMUNE. — LE COMPLOT
DE GENÈVE. — L'ARRESTATION DES ÉMISSAIRES

Il n'est plus possible aux moins clairvoyants de ne pas prévoir l'issue prochaine et fatale de « l'action décisive » annoncée par M. Thiers. Chaque jour, le siège devient plus étroit; l'artillerie de l'armée nationale reconstituée écrase les forts et menace le mur d'enceinte. La solennelle intervention de la franc-maçonnerie, qui plante sur les remparts les bannières des loges, n'arrête pas le bombardement.

Il reste à la Commune un espoir : c'est le soulèvement des villes du Midi, la marche de leurs renforts au secours de Paris, la nécessité pour le Gouvernement de diviser ses forces. Lyon domine la vallée du Rhône: Lyon est acquis au programme d'autonomie communale et de révolution sociale; c'est à Lyon que la Commune envoie ses délégués dans la seconde quinzaine d'avril pour provoquer une dernière insurrection.

Les 16 et 17 avril, la générale est plusieurs fois battue dans les quartiers de la rive gauche du Rhône par ordre des Comités révolutionnaires. J'ai sous les yeux un ordre portant le timbre d'un « Comité central ». Il est ainsi conçu :

Ordre est donné au citoyen Granger de faire battre la générale et de mettre en armes la garde nationale dans son quartier, à la Guillotière.

Pour le Comité révolutionnaire de salut de la France :
Pour le Président :
L'un des secrétaires,
(Signature illisible).

Ces appels aux armes sont réitérés sans succès.

Mais une tentative plus sérieuse nous est révélée par des correspondances saisies et par les renseignements du communard X..., au service de la préfecture, dont il composait, je crois bien, toute la police secrète.

Aidés par des Lyonnais réfugiés à Genève après les émeutes des 28 septembre et 22 mars, les émissaires de la Commune enrôlaient dans cette ville des soldats prisonniers et des habitants de la Haute-Savoie venus pour vendre leurs denrées.

Une troupe de cinq cents hommes, armés de fusils chassepots, devait marcher sur Lyon, en recrutant des adhérents sur son passage[1]. On proclamerait la Commune; on arrêterait, comme au 4 septembre, les principaux fonctionnaires et magistrats; on prendrait des ôtages.

Au besoin, Lyon servirait d'asile à la Commune de Paris, et soutiendrait un siège, grâce aux munitions et à tous les approvisionnements accumulés pour l'éventualité d'un investissement par l'armée allemande.

Le 29 avril, deux complices de cette machination furent arrêtés au palais de justice, à la porte de mon cabinet, c'était Payet, désigné pour occuper après le succès le poste de directeur de la Sûreté, et Codex auquel on attribuait de noirs desseins contre ma personne, parce qu'il avait dans sa poche, au moment de son arrestation, une lame triangulaire, grossière-

1. *Annales de l'Assemblée nationale.* Rapport de Ducarre, député du Rhône, sur le rôle de l'Internationale dans l'insurrection du 18 mars.

ment emmanchée, dont la pointe, protégée pas un bouchon de liège, était aiguisée avec soin. Ces gens étaient munis de mandats de la Commune provisoire.

Dans la soirée du même jour, je fis arrêter plusieurs émissaires dont le départ de Genève m'avait été annoncé ; l'un d'eux, Albert Leblanc[1], délégué de la Commune, était porteur d'affiches qu'il devait faire placarder dans la nuit du 29 au 30.

J'ai conservé un exemplaire de chacun de ces documents, dont je reproduis le texte. C'était d'abord la proclamation suivante de la Commune de Paris :

RÉPUBLIQUE FRANÇAISE

LA COMMUNE DE PARIS AUX DÉPARTEMENTS

CITOYENS,

L'heure de la Révolution définitive a sonné et chaque coup de canon qui se tire à Paris est un appel à la

---

1. Nous avons déjà constaté l'intervention de ce même Albert Leblanc, dans une réunion d'officiers de la garde nationale qui avaient préparé l'insurrection du 22 mars.

grande revendication des peuples, au soulèvement dernier, nous l'espérons, de ceux qui souffrent contre ceux qui oppriment.

L'instant est solennel, il vous faut choisir.

Les ennemis de la Révolution ont posé la question eux-mêmes.

Avec eux, c'est la Réaction, c'est-à-dire le retour au passé, l'exploitation du travail et de l'intelligence par le capital; la pensée comprimée et soumise à la férule du Jésuitisme; vos fils enrégimentés malgré eux pour prêter main-forte à vos tyrans et à vos bourreaux; c'est la misère pour vos familles; c'est la mort ou la déportation pour quiconque a osé ou osera lever la tête pour protester encore contre vos maîtres rentrés en possession de leur puissance et de leurs privilèges.

Avec nous c'est l'avènement de la Liberté, qui donne à chacun l'entière extension de toutes ses facultés, c'est l'Égalité qui assurera à tous des droits égaux, c'est la Fraternité qui unira l'humanité entière dans un effort commun d'où sortira le règne de la justice universelle.

Choisissez! il est temps encore.

Malgré leurs proclamations mensongères, nos ennemis tremblent dans Versailles. Levez-vous et ils tomberont, ne laissant derrière eux dans l'histoire que le souvenir de leurs assassinats et la trace lugubre de leurs dévastations.

A votre poste, citoyens des départements; nous sommes au nôtre, prêts à mourir pour vous et pour la cause trois fois sainte, de la Raison, de la Justice et du Progrès universels.

Vive la République démocratique, sociale et universelle !

Signé : Félix Pyat, Vaillant, Delescluze, Cournet, Varlin, Tridon, Malon, Ranvier.

Pour copie conforme :

Signé : Ch. Dumont, A. Leblanc,
Caulet de Tayac [1],
Délégués de la Commune de Paris.

La seconde affiche était ainsi conçue :

COMMUNE DE LYON

Citoyens,

L'heure est venue ; la cité lyonnaise, la première qui, le 4 septembre ait revendiqué ses droits à la Commune, ne peut pas plus longtemps laisser égorger sa sœur, l'héroïque cité de Paris.

Les traîtres de Versailles ont dépassé leur mandat ; après avoir accepté pour la France, sans discussions, toutes les conditions faites par l'ennemi, ils veulent encore s'imposer à nous comme gouvernement constituant, servant d'échelon à une royauté.

1. Caulet de Tayac avait été secrétaire de Raoul Rigault.

La population lyonnaise a voulu voir jusqu'où irait leur audace, mais sa patience est à bout, et elle ne peut souffrir plus longtemps qu'une Assemblée factieuse agite en France le drapeau de la guerre civile.

Les élections municipales étaient le dernier coup porté à la République; ce sera le signal de la chute de nos oppresseurs.

En conséquence :

Les révolutionnaires lyonnais, tous d'accord, se sont assemblés et ont nommé une Commune provisoire, ayant les pouvoirs les plus étendus.

Cette Commune, sans se faire connaître, a préparé la Révolution qui s'accomplit aujourd'hui et restera dépositaire de tous les pouvoirs jusqu'à ce que, dans un bref délai, des élections logiques et opportunes soient faites.

La situation actuelle est difficile, citoyens, et nous comptons sur votre concours énergique; mais les membres qui composent la Commune provisoire sont résolus à employer tous les éléments de succès qui sont en leur pouvoir, et ils sont surtout résolus, plutôt que de se voir ravir la victoire, à ne faire qu'un monceau de ruines d'une ville assez lâche, pour laisser assassiner Paris et la République.

Vive la République démocratique, sociale et universelle.

La Commune provisoire

Signé : RIVOIRE, BERGERON, BRUGNOL, G. BLANC, BOURET, TACUSSEL, PÉLÉA, VELAY, AUDOUARD.

Ces noms étaient ceux d'hommes obscurs, mais par là même ne portaient pas ombrage aux farouches égalitaires, et inspiraient confiance aux ouvriers socialistes, comme paraissant être ceux de citoyens sortis du peuple et dévoués à la cause populaire.

Quant à la menace de destructions et de ruines, qui terminait leur séduisante proclamation, les incendies de Paris démontrèrent bientôt qu'elle n'était pas une vaine jactance!

CHAPITRE XXIX

Fût-ce l'heureux effet des arrestations du 29 avril ? Toujours est-il que la colonne annoncée ne partit pas de Genève. Nous devions craindre, néanmoins, des désordres pour le lendemain.

Le 30 avril, avaient lieu dans toutes les communes de France des élections municipales, en exécution de la nouvelle loi, votée le 14 avril par l'Assemblée nationale. C'est contre ces élections que protestait l'affiche de la « Commune provisoire », comme n'étant ni « logiques », ni « opportunes », et comme devant être « le dernier coup porté à la République ».

Elles avaient le tort d'être ordonnées par l'Assemblée nationale, en vertu d'une loi qui n'acceptait pas le principe d'autonomie. et surtout de devoir tourner, selon toute apparence, contre le parti de la Commune.

Je vis le préfet le 30 avril au matin ; il me fit connaître qu'au cas d'émeute, le canon du fort Saint-Just donnerait le signal du rassemblement des troupes sur la place Perrache, où lui-même retrouverait le général Crouzat.

J'allai à la maison d'arrêt me rendre compte de l'importance des arrestations de la veille et interroger les prisonniers.

Sur l'invitation du directeur, j'y restai à déjeuner. Nous avions quitté la table et j'avais repris mon interrogatoire, lorsque des coups de canon répétés retentirent longuement et me serrèrent le cœur : c'était le signal des événements redoutés.

Je me rendis en hâte à l'hôtel de ville ; j'y arrivai au moment où le préfet partait pour rejoindre le général ; je montai dans la voiture de Valentin et, durant le trajet de la place des Terreaux à la place de Perrache, j'appris de sa bouche ce qui s'était passé depuis que je l'avais quitté.

Quand les électeurs s'étaient présentés le matin pour voter à la mairie de la Guillotière, ils avaient trouvé la salle occupée par des bandits en armes qui les avaient repoussés, après avoir déclaré, au nom de la Commune de Lyon, que les élections n'auraient pas lieu. Une trentaine d'entre eux formaient un demi-cercle de sentinelles devant la porte ; vêtus presque tous d'uniformes de gardes nationaux, ils comptaient dans leurs rangs trois déserteurs de l'armée.

Le général Crouzat avait envoyé, pour rétablir l'ordre et faire respecter le scrutin, deux bataillons du 38ᵉ de ligne.

C'est toujours une grave imprudence de mettre en contact des troupes d'infanterie avec une foule ameutée sans les faire précéder par des forces de cavalerie, de gendarmerie ou de police, surtout en des temps où l'autorité du Gouvernement est contestée, le devoir incertain, la discipline chancelante.

Ce qu'il fallait prévoir arriva ; le 38ᵉ fut accueilli aux cris de : « Vive la ligne! » Des gardes nationaux se glissèrent dans les rangs ; les femmes, qui ont toujours un rôle dans les émeutes, entourèrent les soldats, leur criant : « Vous ne tirerez pas sur vos frères ! »

Les soldats levèrent-ils la crosse en l'air !

Des témoins l'ont affirmé; Valentin à ce moment le croyait. Depuis, les officiers du 38ᵉ ont assuré qu'on avait calomnié leurs hommes ; que des crosses assez nombreuses en effet avaient été levées, mais par des gardes nationaux entrés dans les rangs des soldats pour y jeter le désordre et la confusion.

Il faut tenir compte de la protestation des officiers, inspirée par le souci de l'honneur du régiment. Mais il est certain que la discipline de ces bataillons, noyés dans la foule, confondus avec elle, était compromise et que les officiers prirent le bon parti en ramenant le 38ᵉ vers la place Perrache, tandis qu'il en était temps encore.

Depuis, des barricades avaient été élevées aux abords de la mairie ; les insurgés avaient fait de nombreuses recrues, venues de tous côtés; ils occupaient tout le quartier et s'étaient fortement retranchés à la mairie et dans les rues voisines.

Nous ne pouvions compter pour la répression que sur l'armée, et l'aventure de la journée disait assez sous quelles réserves. Il fallait d'ailleurs agir sans retard. Fière du succès de ses prévisions dans l'affaire du 22 mars, la municipalité avait insisté pour éviter une fois encore une intervention militaire; mais chaque heure augmentait les forces de l'insurrection en même temps que sa confiance et son audace.

Les émeutiers étaient armés de chassepots et pourvus abondamment de cartouches, des armes et des munitions provenant encore du pillage des forts dans la journée du 4 septembre.

Ayant rejoint le général Crouzat, nous tînmes avec lui et ses principaux officiers un conseil d'où sortit une prompte décision. Les troupes furent divisées en deux colonnes : la principale, commandée par le général, devait s'avancer avec le préfet, qu'accompagnait M. de Gourlet, commissaire central, par les quais de la rive droite du Rhône, traverser le fleuve au pont de la Guillotière, et déboucher en face de la mairie. L'autre, moins importante, comprenant une demi-batterie d'artillerie, commandée par le capitaine Nicolas, deux bataillons du 38ᵉ de ligne, sous les ordres du lieutenant-colonel Courtot, et quelques cavaliers, traverserait le Rhône, en sortant de la place Perrache, par l'ancien pont Napoléon, suivrait les quais de la rive gauche, puis la rue de Marseille, jusqu'aux barricades. Je marchais en tête de cette seconde colonne; j'avais dans le dos les bataillons inquiétants du 38ᵉ, si malheureux dans leur précédente tentative. Je devais faire les sommations.

A peine en route, l'officier qui commandait la batterie me déclara qu'il se bornerait à faire tirer à blanc. J'insistai vivement, lui demandant de faire tirer deux coups à blanc, mais ensuite, quand la foule plus ou moins inoffensive serait ainsi avertie et écartée, de ne pas hésiter à canonner sérieusement les barricades et leurs défenseurs.

Les officiers des autres corps m'entourèrent et m'appuyèrent, rappelant que le général Crouzat venait de me confier le soin de diriger l'attaque et que j'en avais la responsabilité ; que nous n'allions pas à une parade ; que nous ne serions pas ménagés par les balles des insurgés ; que nous avions le devoir de rétablir l'ordre.

L'artilleur me demanda un ordre écrit, voulant, disait-il, dégager sa responsabilité, au cas où, après l'action, le procureur de la République ne serait plus là pour lui prêter son témoignage.

Je déchirai une page de mon carnet, et j'écrivis en ces termes, au crayon, l'ordre qui m'était demandé :

Après les sommations légales, deux coups à blanc ; après quoi tirer sérieusement.

Le Procureur de la République,

ANDRIEUX.

Je reproduis textuellement ce document parce que l'officier qui l'avait reçu me l'a renvoyé de

Dijon, avec sa carte, il y a quelques années.

Quand nous fûmes en haut de la rue de Marseille, je fis, à la tête des troupes, trois sommations, accompagnées de roulements de tambours. Les insurgés répondirent par des coups de fusil ; ce sont eux qui ont commencé le feu ; un tambour du 38ᵉ tomba, gravement blessé, près de moi.

Puis il y eut comme un moment d'hésitation. Croyant encore à la popularité dont j'avais joui, à l'ascendant de ma parole auprès de ces républicains lyonnais qui, sous l'Empire, m'avaient si souvent acclamé, et préoccupé d'éviter, s'il était possible, l'effusion du sang, je m'avançai en parlementaire et, faisant signe que je voulais parler, j'essayais de haranguer les insurgés.

J'avais obéi à l'impulsion d'une confiance insensée : je fus saisi, enlevé par ces hommes, et séparé des soldats qui bien vite me perdirent de vue dans l'obscurité de la nuit tombante.

A ce moment je me crus perdu ; ma poitrine

était menacée par les baïonnettes des gens à la merci desquels je me trouvais; l'un d'eux, à bout portant me mettait en joue ; je doute qu'il eût tiré ; car il ne le pouvait sans risquer d'atteindre ses complices; je n'en suis pas moins reconnaissant à un tisseur, nommé Fuzier, qui releva le canon du fusil. Instinctivement j'avais mis la main sur le revolver qui, depuis mon arrestation à la Croix-Rousse, ne me quittait pas ; mais le souvenir du commandant Arnaud était trop près de moi pour que je fusse tenté de me servir de cette arme et je dissimulai bien vite un geste à peine commencé.

Aidé de quelques boutiquiers du quartier, le brave Fuzier cherchait à gagner du temps. Je l'entendais qui disait : « Il faut le faire passer devant un Conseil de guerre ! On ne peut pas l'exécuter sans jugement ! »

Je me débattais sans violence et sans prétendre me dégager, cherchant seulement à me rapprocher des troupes, d'où pouvait venir le salut.

Tous ces faits, rapides, précipités, prirent

moins de temps qu'il ne m'en faut pour en écrire le récit.

Tout à coup je sentis une violente secousse ; je tombais pêle-mêle avec les gens qui me tenaient par le collet et par les bras. Une charge de cavalerie venait de balayer la chaussée. Je me relevai, mes vêtements en lambeaux, avec de douloureuses contusions. Sans m'attarder à regarder les insurgés qui grouillaient autour de moi, parmi leurs armes éparses, craignant de ne pouvoir rejoindre ma colonne, je m'échappai par une petite rue perpendiculaire au quai du Rhône et à la rue de Marseille.

Débouchant par le pont de la Guillotière, la colonne de Valentin venait d'ouvrir le feu contre la mairie, et quoique je fusse fort à droite de la direction du tir, des balles égarées sifflaient de mon côté.

Je gagnai, en me baissant, le parapet du quai du Rhône, et, sous la protection de cet abri, j'arrivai jusqu'à l'entrée du pont, où je me fis reconnaître.

— Dans quel état vous a-t-on mis? me dit Valentin en me tendant la main.

Hélas! il ne devait pas tarder à être lui-même plus gravement atteint.

Suivant le cours de Brosses (aujourd'hui cours Gambetta), nous marchions vers la mairie, point de jonction des deux colonnes, quand Valentin tomba à côté de moi, en poussant une exclamation qui paraissait trahir plutôt de la surprise que de la douleur.

Il venait d'être blessé à la jambe par une balle qui, ayant traversé le mollet de bas en haut, n'avait pu être tirée que de l'intérieur d'une cave.

J'aidai à relever Valentin et à le transporter dans une voiture du train des équipages, où sa jambe étendue reposait sur une banquette faisant face à celle sur laquelle il était assis.

Déjà dans cette même voiture avait été recueilli un insurgé, dont les arcades sourcilières avaient été brisées et le front horriblement labouré par une balle. Inconscient de ce qui se passait autour de lui, ce malheureux laissa retomber sa tête sur l'épaule du préfet dont le manteau fut couvert de sang et d'immondices. Je voulus délivrer Valentin de cet importun voisinage et repousser l'insurgé vers l'autre extrémité de la voiture; mais, avec cette exquise bonté dont il ne se départit jamais au milieu des sévérités que lui imposèrent les circonstances et ses fonctions, Valentin, oubliant sa propre blessure, exigea qu'on ne dérangeât pas l'homme qui tout à l'heure n'eût point hésité à le tuer; il continua à lui servir d'oreiller jusqu'à l'hôpital militaire, où je laissai l'un et l'autre aux soins également dévoués des bonnes Sœurs.

J'allai de là à l'hôtel de ville, où j'appris qu'à deux pas du palais municipal, dans une brasserie de la rue Puits-Gaillot, entourés de leurs amis, les délégués de la Commune de Paris attendaient l'issue de la lutte.

Je requis quelques gardes nationaux, parmi lesquels M. Chaumer, négociant, M. Rafin, ancien agent de change, M. Radisson, raffineur, et avec eux j'entrais dans une salle enfumée où deux des signataires de l'affiche de la Commune, attablés devant des bocks à côté de soucoupes amoncelées, Dumont et Caulet de Tayac, se laissèrent arrêter et dépouiller de leurs revolvers sans résistance.

Puis, accompagné jusqu'au pont par M. Crozier, secrétaire du parquet, je retournai à la Guillotière. La troupe avait enfoncé les portes de la mairie et avait fait ses défenseurs prisonniers; le combat était presque terminé; cependant on entendait encore le sifflement prolongé des balles, que de temps en temps nous envoyaient les émeutiers, hasardant leur coup de fusil à l'angle d'une rue, dans l'obscurité de laquelle ils disparaissaient aussitôt. Leurs balles traversaient le Rhône et firent des victimes parmi les passants inoffensifs qui longeaient le quai de l'Hôtel-Dieu. Quelques coups de feu partaient aussi des fenêtres; chaque fois la troupe ripostait; mais ces fusillades se faisaient de plus en plus espacées.

Je passai le reste de la nuit près du général

Crouzat qui, dans la répression de cette émeute, montra autant de sentiments d'humanité que d'énergie et de résolution[1].

1. Un incident déplorable de la journée du 30 avril fut la débandade d'un peloton du train des équipages qui fraternisa avec les émeutiers. Les hommes qui le composaient furent arrêtés et conduits à l'état-major de la place par des gardes nationaux.

CHAPITRE XXX

UN LENDEMAIN D'ÉMEUTE. — M. THIRIOT PROCUREUR GÉNÉRAL. — LA CROIX-ROUSSE DÉMOLIT SES PROPRES BARRICADES.

Aux premières lueurs du jour, il n'y avait plus de combattants en face de l'armée : des vitres brisées, des portes, des devantures de boutiques trouées par les projectiles, du sang sur les pavés, quelques cadavres livides, ramassés dans les rues et provisoirement rangés près du pont de la Guillotière décelaient seuls les sinistres événements de la nuit.

On se montrait avec curiosité les trous ronds et nets dans les vitres, percés comme à l'em-porte-pièce par les balles des chassepots. La mairie, qui avait été le principal objectif de la lutte, criblée de balles et d'obus, était comme étoilée de cicatrices blanches.

Les blessés furent envoyés à l'hôpital militaire ; une trentaine de prisonniers furent conduits à la maison d'arrêt, sous bonne escorte.

Les pertes de la troupe s'élevaient à trente hommes environ, morts ou blessés. Parmi les morts, le chef de bataillon Jean Goujon, des mobiles du Rhône, qui, après avoir échappé aux obus de l'ennemi pendant le siège de Belfort, s'était mis à la disposition du général Crouzat et venait de se faire tuer à la Guillotière par une balle française.

On évaluait à cinquante-deux morts ou blessés les pertes des insurgés ; mais ils avaient emporté et caché la plupart de leurs blessés par crainte du Conseil de guerre.

J'allai quitter mes vêtements déchirés, éponger mes ecchymoses, prendre un peu de nourriture et de repos. Puis, me souvenant que j'avais un procureur général, dont j'avais peut-être trop négligé de prendre les instructions, je me rendis vers onze heures du matin au palais de justice.

M. Thiriot, ancien procureur général près la Cour de Colmar, avait succédé à Le Royer[1]. Bon

1. Décret du Chef du Pouvoir exécutif en date du 24 mars 1871.

jurisconsulte, procédurier consommé en matière criminelle, n'ignorant rien de ce qui concerne l'administration d'un parquet, il cachait, sous une apparente neutralité politique, son éloignement pour les institutions nouvelles : c'était un magistrat correct, tel qu'il en fallait au régime défini par M. Thiers « la République sans les républicains ».

Je trouvai M. Thiriot à son parquet, feuilletant Dalloz et Sirey, compulsant les textes et les arrêts, en vue de l'instruction à ouvrir et des poursuites à exercer contre les auteurs et complices des événements de la veille.

Il m'adressa des éloges trop flatteurs, puis il ajouta gravement : « Toutefois, Monsieur le procureur de la République, j'ai un reproche à vous faire. Vous ne m'avez pas informé de ce qui se passait, pendant la journée d'hier. Veuillez ne pas oublier qu'à l'avenir, en pareille occurence, je veux être à côté de vous. »

Je m'inclinai et j'exprimai l'espoir que nous ne verrions plus de pareils événements. Je m'abstins d'ajouter que, prévenu moi-même par les canons des forts, j'avais jugé superflu et peut-être indiscret tout autre avertissement.

Dans tous les quartiers autres que la Guillotière, les élections du 30 avril s'étaient passées régulièrement. Cependant à la Croix-Rousse, quoique les électeurs n'eussent pas été empêchés de voter, il y avait eu des désordres. Les insurgés avaient occupé la mairie après le dépouillement du scrutin. Le nouveau commandant de la garde nationale, le général Bourras, qui s'y trouvait, avait failli rester leur prisonnier et n'avait dû son salut qu'à la vitesse de son cheval.

Deux barricades s'élevaient dans la Grande-Rue, plus solides que celles de la Guillotière, parce qu'elles avaient été construites avec moins de hâte. Elles étaient faites de pavés, de barriques et de sacs remplis de terre.

Je montai à la Croix-Rousse ; l'opinion était surexcitée ; on parlait avec colère « du massacre de la Guillotière » ; mais, la leçon de la veille aidant, personne ne prenait les armes, et les barricades étaient délaissées.

Je fis appel au bon sens et à l'intérêt des boutiquiers du voisinage ; ils remirent eux-mêmes les pavés en place ; l'ordre et la circulation furent rétablis sans autre intervention.

CHAPITRE XXXI

VERS LA PAIX CIVILE. — LE DÉSARMEMENT DE LA GARDE NATIONALE. — LE SAPEUR-POMPIER DE L'HOTEL DE VILLE

L'échec de l'insurrection lyonnaise eut un retentissement salutaire dans les villes du Midi.

Ce fut la fin des tentatives de soulèvement dans toute cette région.

A Lyon même, dès le lendemain de la répression, il nous fut possible de procéder au désarmement partiel de la garde nationale.

Le préfet prit un arrêté aux termes duquel, « considérant que les 19ᵉ, 20ᵉ, 21ᵉ, 22ᵉ bataillons s'étaient rendus complices de l'insurrection par l'inaction des uns, par la présence des autres dans les rangs de l'émeute », il déclarait ces bataillons dissous ; donnait aux gardes nationaux qui en faisaient partie, un délai de quarante-huit heures pour déposer leurs armes à la mairie; les menaçait de l'application des lois, si, passé ce délai, ils étaient trouvés porteurs d'armes de guerre.

Quelques jours après, il prenait un nouvel arrêté contre un autre bataillon, des rangs duquel étaient partis des cris de « Vive la Commune! »

Le désarmement se fit sans difficultés. A vrai dire, quand les premiers gardes nationaux, le fusil sur l'épaule, la mine confuse, descendirent dans la rue pour obéir aux injonctions préfectorales, les femmes de leurs quartiers, la rage dans le cœur, les insultèrent et, leur mettant le poing près du visage, leur adressèrent les épithètes habituelles de « lâches et de feignants ». Mais l'exemple fut suivi; ceux qui ne se décidaient pas à porter eux-mêmes leurs armes à la mairie, en chargeaient leurs enfants et, pendant deux jours, on vit dans les rues des garçonnets et des fillettes traîner sur le pavé des fusils trop lourds pour leurs petites épaules.

De rigoureuses perquisitions complétèrent l'œuvre des restitutions volontaires. On trouva jusqu'à trois et quatre fusils entre les mains d'un même garde national qui les détenaient

depuis le 4 septembre, alors que nous man-
quions d'armes pour nos soldats.

La perpétuelle insécurité où nous nous agi-
tions depuis huit mois, était favorisée par cette
circonstance que tous les bataillons de la garde
nationale faisant à tour de rôle le service de
l'hôtel de ville, les conspirateurs n'avaient qu'à
choisir pour le succès d'une surprise, le jour
où ils savaient qu'ils ne rencontreraient que
des complices parmi les préposés à la garde du
préfet.

A partir du moment où les hommes d'ordre
furent en majorité dans les seuls bataillons qui
eussent conservé leurs armes, la ville put s'en-
dormir sans crainte d'une révolution pour le
lendemain.

Les dernières appréhensions de troubles
civils disparurent tout à fait quand la loi du
25 août eut supprimé la garde nationale dans
toutes les communes de France.

Cette institution, qui s'était montrée également impuissante dans ses manifestations con-
traires, soit pour rétablir l'ordre, soit pour ren-

verser les pouvoirs établis, commençait à fatiguer, par le temps perdu pour un service inutile, les citoyens désireux de reprendre une vie normale et un travail régulier. Cependant le préjugé qui l'avait rendue populaire, la croyance que son existence était liée à celle de la République, qu'elle était la garantie nécessaire de l'état démocratique, le goût enfin, que prend le peuple, comme les enfants, à jouer au soldat, firent craindre l'irritation qu'allait soulever la suppression de la garde nationale.

La municipalité se préoccupa de jeter un manteau sur la nouvelle blessure faite à la démocratie et le palliatif qu'elle imagina fut de remplacer le garde national de faction à l'entrée de l'hôtel de ville, non par une sentinelle empruntée à l'armée, dont l'uniforme eût rappelé le temps de l'Empire, mais par un sapeur-pompier, soldat municipal.

Le pompier de l'hôtel de ville égaya la réaction aux dépens de Barodet, qui en revendiqua la paternité ; mais sa tunique bleue, ses grenades enflammées brodées sur le velours du collet, son pantalon à bandes écarlates, son casque sympathique contribuèrent à l'apaisement en sauvant les apparences qu'une sage politique a souci de ménager.

CHAPITRE XXXII

Nous venons d'assister aux dernières convulsions de la Commune lyonnaise, devançant de près d'un mois l'agonie de la Commune de Paris. A Lyon le désordre commença plus tôt et se prolongea plus longtemps qu'en aucune autre ville de France. Et cependant, en dépit d'une sorte d'exaltation mystique, particulière aux Lyonnais et capable de les porter, dans la sincérité de ses entraînements, jusqu'aux pires violences, nous avons fait, sans d'irréparables avaries, la périlleuse traversée du 4 septembre 1870 au 1ᵉʳ mai 1871.

Sans doute, aucune circonstance atténuante n'est à plaider ni pour les arrestations et les détentions arbitraires qui ternirent les premiers jours de la République, ni pour l'envahissement et le pillage des Couvents et des séminaires, ni pour la folle gestion des finances municipales, encore moins pour les émeutes en face de l'invasion allemande et pour l'horrible assassinat du commandant Arnaud.

Mais qu'est-ce auprès des massacres et des incendies qui désolèrent Paris et jetèrent l'épouvante dans le monde entier?

L'indignation soulevée par les criminels attentats dont on a lu le récit ne doit pas nous faire oublier les périls plus graves auxquels nous avons échappé. Et pour être équitable, ne faut-il pas reconnaître, sans oublier les fautes commises, que la politique cunctatrice, les transactions de Challemel-Lacour avec le désordre, et les résolutions plus viriles de Valentin eurent les unes et les autres leur heure et leur raison d'être pour le maintien ou pour le rétablissement de la paix publique?

Peut-être même sans les écarts de son intransigeance autonomiste, le Conseil municipal, perdant la confiance de ses commettants, n'eût-il pu remplir l'utile office de tampon qui lui permit d'amortir le choc de l'insurrection contre l'autorité régulière? Ainsi, comme par un secret dessein, l'imperfection des hommes et des choses tourne parfois au bien de la communauté.

Je n'irai pas jusqu'à prêter un rôle providentiel au Comité de Salut public. L'ombre de Chapitet ne me le pardonnerait pas ! Mais il me sera permis de penser qu'au lendemain d'une révolution il y a quelque chose de pire qu'un mauvais Gouvernement : c'est l'absence de toute direction ; c'est l'anarchie.

Ces conclusions étaient peut-être nécessaires pour qu'après avoir sans faiblesse distribué le blâme aux auteurs du drame lyonnais, j'eusse le droit de finir par où commençait Montaigne : « C'est icy, lecteur, un livre de bonne foy. »

FIN

INDEX DES NOMS CITÉS

----

1. Ces deux Bergeron n'étaient peut-être qu'un seul et même Bergeron ?

1. J'écris « Monsieur » en toutes lettres, comme il faisait pour ses cartes de visites. « Monsieur » était le titre inséparable de sa personnalité bourgeoise. « Monsieur Thiers, ne faites pas le jeune homme », lui disait Mme Thiers, quand, à l'âge de quatre-vingts ans, il s'asseyait, tout en causant de la loi militaire, dans le salon de la place Saint-Georges, sur le bras d'un fauteuil, d'où pendaient ses petites jambes qui s'agitaient dans le vide.

TABLE DES MATIÈRES

TOURS

IMPRIMERIE DESLIS FRÈRES

6, rue Gambetta, 6